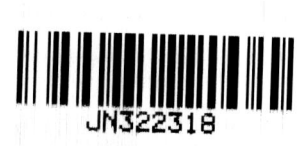

ただのサラリーマンが時間をかけずに8カ月でTOEIC®テストで325点から925点になれたラクラク勉強法

杉村健一
Kenichi Sugimura

はじめに

1日平均1時間の勉強で半年で885点、さらに2カ月で925点に!

はじめまして、杉村健一と申します。**僕はTOEIC で、半年勉強しただけで885 点、さらに2カ月だけの勉強で925 点を取ることができました。**

そう聞くと、「もともと英語が得意で、勉強も得意な人」だと思われるかもしれません。でも、待ってください。実際は、全然違います！

日本の企業に勤めていて、仕事で英語は使いません。海外経験はゼロで、英語は苦手という冴えないサラリーマンなのです。

しかも、「TOEIC の勉強を始めるぞ！」と思い立った日に解いた模擬試験の**予想スコアが、なんと325 点…。中学レベルの英語すらかなり忘れていたという、お粗末な状態からのスタート**でした。

そんな僕が実際に成功した方法をベースに、改良を加えた勉強法を綴《つづ》りました。**僕の場合は半年で885 点に到達しましたが、本書の方法であれば、もっと短期間に885 点以上を狙うことも可能**です。

「短期間に集中して猛勉強をした」と思われるかもしれませんが、それは違います。睡眠を削ったり、土日をフルに勉強に捧げたり、趣味をやめたり、友人や家族とのつき合いを断ったりもしていません。むしろ、「そんなこと、したくない」という思いでした。**平均すると1日1時間くらいの勉強**です。

第一、英語の勉強は嫌いで、できる時に無理せずに勉強しただけなのです。ただ、勉強法だけはいろいろ試しました。この本は僕が試行錯誤して編み出した方法です。**根性なしの僕でも成功した、要領を最優先させる、ムダを徹底排除した勉強法**となります。TOEICのスコアを手っ取り早く上げるためのやり方です。

新形式に完全対応
学習用スマホアプリの情報も

TOEICの勉強法について書かれた本は世の中に多数ありますが、著者の多くは英語が大好きな人や頭のいい人です。これらの本には実際に成功した方法が書かれているとはいえ、英語が好きな、頭のいい人にしかできない方法のように思えたのです。

正直、**僕のような英語嫌いの凡才には適用しにくい方法が世の中には多い**と感じました。というのも、普通のサラリーマンには実行困難な、多大な時間を費やすことを求める内容があり、現実離れしていることがあるからです。「英語が最初からできる人」「英語が好きな人」「根性が相当据わった人」「長時間を英語の勉強に捧げられる人」、いずれかに当てはまらないと実際にはやりきれないものが多いのです。

この本では、凡人で英語嫌いのダメ人間だからこそ教えられる勉強法を書きました。「英語が苦手な著者が書いた英語の勉強法の本」ですから微妙に画期的かもしれません。

英語嫌いの人が、なるべく時間をかけず、なるべく苦労せずにTOEICでハイスコアを目指すための勉強法です。志が低く勉強を続ける覚悟がない人でも、無理なく実行に移せる勉強法だと自負しています。

前作『ただのサラリーマンが時間をかけずに半年でTOEICテストで325点から885点になれたラクラク勉強法』（アスコム）の出版から２年以上経過し、その間にTOEICの受験ルール変更、出題傾向の変化や、新しい参考書の出版など、さまざまな環境変化がありました。

本書は、それらに対応した改訂版として内容を見直しています。

新たな学習用ツールであるスマホ（スマートフォン）アプリにも触れました。僕が実際に使ってみておすすめできるものばかりです。単語や熟語の暗記用、リスニング用、リーディング用とございます。**参考書も、最新のものも調べて加え、目標スコア別に紹介するなど再整理**しました。

皆さんのTOEICスコアアップにお役に立てれば幸いです。

杉村健一

Contents

Chapter 6

【TOEIC受験者全員の通過儀礼】

絶対におすすめ!
単語本『DUO 3.0』での勉強

Chapter 7

【リスニング対策】

設問先読みと
引っ掛けパターンの意識が大事

Chapter 8

【リーディング対策】

速読力がつく単語力強化と、試験直前のPart 5対策が重要

Chapter 9

【模試本を解く】

予行演習に終わらない模試本の絶大な威力

Chapter 10

【目標スコア別の学習プラン】

目標スコアによって作戦は大きく変わる

※本書は『ただのサラリーマンが時間をかけずに半年でTOEICテストで325点から885点になれたラクラク勉強法』(アスコム)を一部、加筆・修正したものです。

TOEICテストについて

試験結果の表し方

英検のように合否ではなく10点から990点までのスコアで評価されます。このスコアは、常に評価基準を一定に保つために統計処理が行われており、実際の正答数に応じた得点というわけではありません。英語力に変化がない限りは、スコアも一定に保たれるように作られています。

出題内容

日常生活やビジネスなど、幅広いシーンが題材になっています。ただし、特定の国独自の文化や言葉遣いなどを知らなくても、答えられるようになっています。

出題形式

リスニングとリーディングのセクションがあります。リスニングでは約45分間で計100問、リーディングでは75分間で計100問が出題されます。すべての問題は、マークシートで回答する選択式です。試験開始からリスニング放送が始まります。途中で休憩はありません。リスニングとリーディングを合わせて約120分、試験が続きます。

各Partの出題形式

リスニングはPart 1からPart 4の4つがあります。すべて一度しか放送されません。一方、リーディングはPart 5からPart 7の3つです。以下で、各Partの詳細を見ていきましょう。

【Part 1】
概要：写真描写問題
問題数：10問
詳細：1枚の写真について、4つの短い説明文が放送されます。4つのうち、写真の内容を正しく描写しているものを選びます。

【Part 2】
概要：応答問題
問題数：30問
詳細：1つの発言（問いかけやコメントなど）と、それに対する3つの返答が放送されます。放送内容はすべて問題用紙に印刷されていません。3つの返答のうち、正しいものを選びます。

【Part 3】
概要：会話問題
問題数：30問
詳細：2人の人物による対話が放送されます。1つの対話に対して3問出題されます。問題用紙には設問と、それに対する4つの選択肢が印刷されています。4つのうち、正しいものを選びます。

【Part 4】
概要：説明文問題
問題数：30問
詳細：駅でのアナウンスなど1人が一方的に話すミニトークが放送されます。1つのトークに対して3問出題されます。問題用紙には設問と、それに対する4つの選択肢が印刷されています。4つのうち、正しいものを選びます。

【Part 5】
概要：短文穴埋め問題
問題数：40問
詳細：一部が空欄になっている1文があり、その空欄を埋めるのに適切なものを、4つの選択肢から選びます。

【Part 6】
概要：長文穴埋め問題
問題数：12問
詳細：一部が空欄になっている文章があり、その空欄を埋めるのに適切なものを、4つの選択肢から選びます。1つの文章に3つの空欄が用意されています。

【Part 7】
概要：読解問題
問題数：48問（1つの文書：28問、2つの文書：20問）
詳細：1つないし2つの文書を読んで、問題に答えます。設問と、それに対する4つの選択肢があります。設問の数は2～5問と、文章によって異なります。

Chapter 1

【勉強を始める前に①】

中学レベルから
やり直しても、半年間、
計200時間の勉強
だけで885点に

1日1時間の暇つぶしで半年で885点をゲット!

僕が初めてTOEICを受けたのは5年前ですが、特にきっかけや必要性があったわけではありません。何となく英語ができないコンプレックスを感じていたことと、**電車での通勤時間がもったいなく感じていたので、「試しにTOEICでも受けてみる?」くらいの実に気楽な理由**でした。

このため、頑張って勉強する気は全然なく、実際にもたいしてやっていませんでした。**勉強時間を平均すると1日1時間くらい**です。ほとんどが通勤時間での学習でした。

家で勉強することは、試験本番直前に模試本を解く時以外はあまりなかったです。(次ページに学習時間と内容を記載しました。)

しかし、**半年後に受けた初めてのTOEICでは、885点(リスニング470点/リーディング415点)を取ることができました。**

TOEIC申し込み前

	月	火	水	木	金	土	日
朝	45分	30分	30分	30分	30分		
午前				30分			
昼							
午後		30分					
夜	45分	30分	30分	30分			
深夜							

6時間／週　4カ月（17週）　計102時間

通勤時間に勉強。電車に乗っている時間＋歩行時間の半分程度を利用

仕事中の移動時に勉強

TOEIC申し込み後

	月	火	水	木	金	土	日
朝	45分	30分	30分	30分	30分	150分	60分
午前		30分					
昼		30分			30分		
午後					30分		30分
夜	45分	30分	30分	30分			
深夜							

11時間／週　2カ月（8週）　計88時間

通勤時間に勉強。電車に乗っている時間＋歩行時間の半分程度を利用

仕事中の移動時に勉強

食後にファミレスで勉強

模試本を使った勉強

家族サービス中の勉強

※「子供を公園で遊ばせつつ、ベンチで参考書を読んだり、単語カードをいじったりする」「車で出かける時に、車内で英語のCDをかける」「妻が時間を忘れて買い物をしている時、休憩コーナーで参考書を読む」など

▶ 僕は人の名前もすぐに忘れる頭に自信のないサラリーマン

　このスコアを言うと、**「もともと英語力があったのでは？」**と思われるのですが、まったくそんなことはありません。**TOEICの音声を最初に聞いた時は、お経でも聞いているような感じで、まったく聞き取れませんでした。**

　何しろ大学時代以来、20年近く英語の勉強などしたことはありませんでした。大学時代は英語の授業の成績は「可」でした。海外に住んだことなどもありません。

「勉強する環境に恵まれていたのでは？」と思われる方もいるでしょう。しかし、このようなこともありません。僕の職業はごく普通の会社員です。**残業はどちらかといえば多く、休日出勤もあります。**会社でも英語を使う業務はほとんどありませんし、あっても「そういう仕事は得意な人がやったほうがいい」と言い訳をして逃げ続けていました。正直、英語ができない自分にとっては面倒でしかないのです…。

　会社から帰宅しても、勉強に恵まれた環境とはいえませんでした。小さな子供が2人いたので、うるさくて勉強どころではありません。そして、子供が寝れば今度は妻の話し相手です。**休日は遊びと家族サービスで、平日以上に時間が取れないことも多かったのです。**何しろ、英語を勉強する必要性がなかったので、勉強に対して家族の理解も協力も全然得られないことは無理もありませんでした。

**リスニングは
まったく聞き取れず
休日も忙しいという
普通のサラリーマン
でも885点が取れた。**

「頭がいいに違いない」と思われるかもしれません。しかし、残念ながら、客観的に見てもそうとはいえません。

何しろTOEICの初受験時は42歳。同世代以上の方はわかると思いますが、人の名前が全然出てこなくなる症状がひどいのです。「えーと、アレ、アイツ。名前何だっけ？あの眼鏡かけた…」と話し出す、老化の定番です。**脳が退化し始めており、記憶力はかなり弱っていました。**これはお酒の飲みすぎのせいかもしれませんが…。

若かりし頃はといえば、学歴は誇るほどのものではありません。2流私大の文系学部卒。頭がいいとはお世辞にもいえません。

世の中のTOEIC勉強法は英語嫌いを理解していない

それでも半年間、**1日平均1時間の勉強で885点を取れたのは、要領よく学習したからとしかいえません。**

勉強を始めた最初の1カ月半は、何もわからず見当違いの勉強に時間を使っていました。ただ、TOEICという試験がどのようなものかが次第にわかってきたところで、**自分なりに勉強法を見直して試しました。**このタイミングで、スコアアップの方法を研究したおかげで、残りの4カ月半はぐっと勉強内容が濃くなったと記憶しています。今振り返ると、実質的には最初の1.5カ月間をムダにした感があり、半年も勉強せずに成果を出せたと考えています。

勉強法の見直しで気づいたことは以下の通りです。本やWebに書かれているTOEICの勉強法は、スコアアップには効率の悪いことが多いといえます。

- **英語上級者が、英語中級者レベル以上向けに書いている**
- **初心者が真に受けても効果を上げにくい**
- **「TOEIC勉強法」とある割には、スコアアップよりも英語力全般の向上を目指している**

TOEICの勉強法に関する本を書く人は、英語が得意な人が多いのでしょう。しかし、英語が得意な人の中には、**「英語初心者は何が苦手で困っているのかが、想像できない人」が多い**と感じています。このため、初心者にとっては適切なアドバイスが難しいのでしょう。

また、英語が得意な人は英語の勉強が嫌いではなく、むしろ楽しいくらいに感じているため、長時間勉強することが苦ではないのでしょう。**少ない時間で効率よく勉強するという考えをせず、非効率、かつ英語嫌いにとっては辛い勉強法を平気ですすめがち**なのかと思います。

半年で885点、さらに2カ月で925点へ

1カ月半　TOEIC専用教材
（単語、文法、リスニングなど）を買って
やってみるが全然聞き取れず、理解もできず

勉強法を見直す

半月　中学レベルの文法と単語の復習

1カ月半　『DUO 3.0』の徹底活用
※Chapter 6（P77〜84）で解説します

1カ月半　TOEIC専用教材
（単語、文法、リスニングなど）に戻る

1カ月　模試本、試験対策本で仕上げ

初のTOEIC受験で885点ゲット！

1カ月半　Part 5と模試本の復習だけに集中

2回目の受験で925点にアップ!!

▶ 英語嫌いによる英語嫌いのための勉強法3原則

本書では、**「英語嫌いの普通の社会人や学生が、無理なく捻出《ねんしゅつ》できる時間で、最大のTOEICスコアを取る」ためだけの“要領のいい勉強法”**を紹介しています。

そのためのポイントは次の3つです。

「頑張らない」
「基礎からレベルに合わせて」
「TOEICに特化した勉強をする」

まず、「頑張らない」ことですが、これは挫折を防ぐのが目的です。勉強のために睡眠時間・仕事・家族・遊びを犠牲にしてしまうと、勉強を続けにくくなるのは当然のことです。
あまり頑張らず、短時間の勉強を続けることが一番です。特に、「社会人子持ち」の方々はあまり無理せずにいきましょう。

このため、本書ではあまりにも辛い、修業のような勉強は推奨しません。**要領よくやれば、合計200時間ほどで大幅なスコアアップは十分可能**です。

TOEICスコアを効率よく上げるポイント

頑張らない

勉強をクセにして習慣化する。
挫折しないように無理しない。

基礎からレベルに合わせて

基礎＝頻出。基礎がないと伸びないし、
背伸びすると勉強が辛い。

TOEICに特化した勉強をする

総合的な英語＞TOEIC
出るところだけを勉強し、効果的に。

次の「基礎からレベルに合わせて」は非常に重要なポイントです。基礎とは「高頻度で使われるもの」と言い換えられます。これはつまり、基礎ができていないと、解けない問題だらけになってしまうということです。

また、TOEICの教材や勉強法の多くは、「読者には英語の基礎がある」という前提で書かれています。文法用語や基本レベルの語句などの基礎に関する説明が不十分なのです。そのため、解説の中で理解できない部分が多くなり、勉強の効率が悪くなるわけです。

僕も最初にTOEIC専用の教材に取り組んだものの、解説が理解できないものばかりで大変でした…。わかったつもりで進めても、結局のところ、イマイチ身につかなかったのです。

勉強に適する教材のレベルは、内容の約7割は理解できる、難しすぎないものがちょうどいいです。まったくわからない教材をやるのは辛すぎますので、大体理解できるレベルの事項を再確認しながら定着させることから始めましょう。高いレベルのものほど出題頻度は低いため、ムダになる勉強はやめることです。

僕が勉強を始めた頃、TOEICの音声を何度も聞き込んでいた時期がありました。お経のように聞こえていたものの、「聞いているうちに耳が英語に慣れてくる」という言葉を信じて続けていたのですが、当時の僕にはレベルが合わず、何度聞いてもお経のままでした。

この方法は、ある程度聞き取れる人にとっては非常に効果的なのですが、僕のような初心者にとっては、ひたすらお経を聞くだけの勉強は辛いものです。効果がいっこうに出ないため、今振り返ると最悪でした。さっぱりわからない勉強はしんどいのです。

そこで僕は「何とか聞き取れる、ゆっくりした短い音声」を聞き込むことから始めました。その後、少しずつ、「速くて長い音声」にステップアップしたのです。遠回りしているかのように見えますが、結果的にTOEICのリスニング音声は聞けるようになりました。また、中学レベルの文法からやり直したところ、問題集に書かれている解説の内容が理解できるようになり、TOEIC専用の教材での勉強がはかどるようになった経験もあります。

結局は、**自分のレベルに合わせて背伸びをしない方法が最も効率的**だったといえます。自分のレベルを把握した後は、それに合った難易度の教材を使って勉強しましょう。効率よくレベルアップするためにも、勉強のストレスを減らして継続させるためにも、です。

そして、最後の「TOEICに特化した勉強をする」ことについて。TOEICは毎回同じ時間・問題数・問題形式で行われるため、はっきりとした出題傾向がある試験なのです。このため、英語力はもちろんのこと、試験対策・試験技術がスコアに大きくはね返ってくる試験だともいえるのです。

つまり、より短期間で効率よく目標スコアを達成するためには、総合的な英語力を高めることよりも、**TOEICのスコアアップに狙いを絞った勉強をすることが大切**です。問題の形式や出題傾向を把握して、頻出の問題が解けるようになる勉強をしましょう。

本当の英語力がなくても900点台に到達できる

中学レベルの英語さえもかなり忘れていた状態から、TOEICを初めて受験して885点を取得し、2回目で925点とスコアを伸ばすことができました。そのため、初心者から中級者まで、中級者から900点台くらいまでの効果的な勉強法や教材はわかっています。

結果を出せたことで、周囲からは「TOEIC職人」「TOEICオヤジ」と呼ばれています。現在は、弟子を取っています。実際に取り組んできた勉強法をベースに、弟子たちの人体実験によって得られた結果を踏まえて、TOEIC攻略の勉強法を進化させ続けました。このため、本書で紹介する勉強法は、僕だけではなく、誰でも成果が出る方法であると自負しています。

ここで1つはっきりと申し上げます。**「TOEIC 900点はそれほど英語力がなくても要領で取れるスコア」**です。

900点台というと「相当の英語力だ」と勘違いする人がいます。もちろん英語力がある900点台の方もいます。しかし、**僕の場合は900点台といっても要領だけによるスコアですので、英語力はたいしたことはありません。**

話すほうは、相手が手加減してくれればやり取りをできますが、ネイティブ同士の激速会話はまったく理解できません。映画やドラマを見ても、半分以上はわかりません。英語を話しても、中学レベルの初級程度の構文を使った英語で、発音はカタカナ英語がバリバリでひどい発音です…。

何度も言っている「要領」とは勉強時間を作ることにも関係します。なぜなら、**語学の勉強は、机に向かわなくても、できることがたくさんある**からです。リスニングであれば、歩きながらでも車を運転しながらでも取り組むことができます。忙しい社会人でも取り組みやすい勉強です。

さらに、TOEICは**出題傾向がビジネス寄りである上に、出てくる単語がすでにカタカナ英語化しているものが多い**ため、社会人はとっつきやすいことでしょう。IT関係や金融関係の業界用語がカタカナ英語化されたものは相当な割合でTOEIC頻出単語です。

さて、僕がTOEICで900点取った後、劇的に変わったことは残念ながらありません。会社から手当が出るわけでもなく、仕事が変わったわけでもなく、外国人の友人ができるわけでもなく、宝くじが当たるわけでもなく…。ただ、**英語をある程度勉強したおかげで、仕事や旅行の際に英語への抵抗感が少し和らぎました**。

英語ができないコンプレックスが少し弱まっただけでも、十分勉強した価値があったといえます。**今までムダにしていたスキマ時間を勉強に使っただけで、勉強に対する投資はスキマ時間とテキスト代だけですから、これでも十分元**

が取れていると思っています。

加えて、僕は世間ではリストラ最優先候補とされることが多いバブル世代ですから、これから先TOEICがリストラ防止や再就職に多少なりとも役立つのであれば、十分実利があったといえるでしょう。できることならば、このような形で役立つ機会はないといいのですが…。

場所や時間を問わず
スキマ時間の
有効活用で
勉強できるのが
TOEICのいいところ。

Chapter 2 【勉強を始める前に②】

苦手分野だけ対策を講じたところ2カ月で925点に到達!

単語本や模試本もリスニング教材として活用したい

僕が2007年のTOEIC初受験までに使った教材をご紹介します。買っただけであまりやらなかった教材が他にも山のようにあるのですが、通勤の友として重宝したのは次の通りです。

- 『カラー版　中学3年間の英語を10時間で復習する本』（中経出版）
- 『DUO 3.0』（アイシーピー）
- 『TOEIC TEST英単語スピードマスター』（Jリサーチ出版）
- 『1日1分レッスン！新TOEIC Test千本ノック！2』（祥伝社）
- 『TOEICテスト　出まくりキーフレーズ』（コスモピア）
- 『新TOEIC TEST英文法 出るとこだけ！』（アルク）
- 『新TOEICテスト スーパー模試600問』（アルク）
- 『TOEICテスト　新公式問題集』（国際ビジネスコミュニケーション協会）
- 『TOEICテスト　新公式問題集　Vol.2』（同上）
- 『TOEIC Test「正解」が見える』（講談社インターナショナル）

なお、上記の本の中には古いものがあり、現時点でのおすすめ本とは異なるものもあります。それらは後ほどご紹

介いたします。

眺めてみると、単語と文法に比重を置いているように見えます。しかし、実際の勉強時間の配分は、リスニングとリーディングで「半々」でした。なぜならば、単語本や模試本でも、**付属の音声教材をリスニング対策のために聞き込む**使い方をしたからです。

この使い方を含め、教材の具体的な話は、後の章でじっくりとしていきますので、ご期待ください。

ダメオヤジの僕にできる勉強法は他の人にも通用した

ご紹介した本を中心に学習を進め、初めてTOEICを受けました。すると、**事前に模試本を何回か解いておいたおかげか、「前に解いた問題と似ているじゃん」と感じる瞬間がたくさんありました**。とはいえ、2時間も集中し続けるのは難しく、リスニングの途中で意識が飛んでしまう場面もありました。相当疲れた記憶が強いです。

初受験まで約半年勉強しただけですが、885点を取ることができました。直前に解いた模試の予想スコアが850点でしたので、「本番では860点を超えられたら嬉しい」と思っていました。結果、見事に目標クリアできました。

内訳は「リスニング465点／リーディング420点」で、標準的なバランスでしょうか。全問回答を目指していたものの、結局はうまくいかずにPart 7は4問ほど残してしまったので、残った問題は適当に塗りました。

単語や文法の本も
リスニング教材として
使い倒すと効果的。
本番前には模試本を。
そっくりなものが
たくさん。

885点というスコアを、職場の仲間や友だちに言いふらしたところ、なかなかインパクトがあったようです。何しろ冴えない超ダメダメオヤジで通っていたのですから、僕とスコアには意外なギャップがあったのでしょう。

人生で誇れるものが自動車学校の成績以外に1つもなかった反動で、TOEICのスコアをさんざん自慢したため、前に申し上げたように、周囲では「TOEIC職人」として知られる存在になりました。

すると、「弟子にしてください！」と門を叩く人が現れたので、何人か弟子を取ることにしました。自分の勉強法をアドバイスするとともに、さまざまな勉強法や教材を試しながら、弟子たちのスコアアップのお手伝いをしました。

僕の言う通りに勉強した弟子の多くは、スコアを大きく伸ばしました。その人体実験の成果もまとめて、本書が出来上がっています。

40代半ば以上の人でもTOEICで高得点は必ず取れる!

その後の僕は「もう英語はいいかな」と思い、TOEICを受けないどころか、英語をまったく勉強しなくなりました。もともと、英語が嫌いだからです。

ただし、ごく稀にある英語を使う仕事は、嫌がらずに自分でやるようにはなりました。年に1回あるかないかくらいですが。

英語とはほぼ無縁の生活を4年間した後、大学院の社会人入試を受けることにしました。その入試では、取得後2年以内のTOEICかTOEFLのスコアを提出する必要があったため、再びTOEICを受けることになりました。初受験の885点というスコアは4年前のものだったからです。

試験対策をする気はあまりなかったものの、とりあえずTOEICには申し込むことに。ここで、**「申し込んでしまったからには泥縄式に勉強する」**という自分で自分にムチを入れる形で勉強を始めました。この時点で試験までに残された時間は、わずか1カ月半…。

そして、僕は1つ心配なことがありました。年齢です。**前回の試験時はアラフォーでしたが、今回はアラフィフです。**確実に、記憶力は衰えています。インプットはもちろん、記憶から引っ張り出してくるアウトプット力の低下も著しかったです。

手始めに、とりあえず新しい『公式問題集』を買って解いてみたところ、予想スコアは800点ほどでした。思ったよりはできたものの、Part 5のスコアはひどかったです。しかし、言い換えれば、**Part 5以外は4年経っても、さほど力が落ちていなかった**という嬉しい誤算がありました。

そこで、試験までの1カ月半のほとんどを「Part 5と模試本の復習」に集中することにしました。後述しますが、Part 5は一番手っ取り早く対策が立てられるからです。すると、模試本では予想スコアが900点を超えるようになりました。本番の目標スコアも900点に設定し、2回目のTOEIC本番を迎えたのです。

1回目の受験と同様、途中で集中力を切らすなど完璧とはいえませんでした。しかし、今度はPart 7も時間内に終えることができ、そこそこは解けた感触でした。とはいえ、900点達成の自信があったわけではなく、ダメだった時のためにもう1回TOEIC受験の申し込みをしました…。

そして、得点発表の日です。Web経由で恐る恐る結果発表のページを見ると…、

925点！

目標達成です。内訳は「リスニング460点／リーディング465点」で、リスニングのスコアは一緒なものの、Part 5対策の成果が出たのか、リーディングが大幅にアップしました。
「俺、なかなかやるじゃん！」と自画自賛してしまいました。**40代半ば以上の人でも要領よく勉強すれば、TOEICでは必ずいいスコアが取れる**と強く思いました！
このスコアが取れた時点で勉強する気がなくなり、直前まで受けるか逃げるか迷って一応受けた3回目の受験は905点でした。

大学院には2回目の受験結果である925点を提出しました。925点だと全TOEIC受験者の上位2％に入り、偏差値でいえば70台に入るスコアです。

試験直前でも
Part 5対策を集中すれば
スコアは伸びやすい。
また、TOEICは
年齢に関係なく
ハイスコアが取れる。

TOEICのスコアはこれで十分だろうと思い、他の受験科目に時間を費やしました。そして、925点というスコアのおかげもあって、院試は合格できました。これが、僕にとっては、TOEICのスコアが直接的に役に立った初めての経験です。

TOEICで925点でも英語は相変わらず苦手

では、TOEIC 925点の実力とはどの程度なのでしょうか？　結論から申し上げますと、**たいして英語が使えない**のが現実です…。

TOEICで925点というと、かなり英語力があると勘違いされるようです。以前、「TOEICで925点取ったなら、『ささやき通訳（日本語で行われている会議に参加する少数の外国人に対して、耳元で英語訳をささやく仕事)』くらいはできるよね」と頼まれたことがあります。しかし、これは「どう考えても絶対に無理」と判断し、断りました。

ネイティブに近い英語力があったとしても、TOEICの問題形式に慣れていなければ、925点に留まる人もいるでしょう。しかし、**僕はTOEICに特化した勉強をして925点を取った"TOEIC番長"ですから、英語力全般がそんなに高いわけではない**のです。英語がペラペラな人と一緒にされると困ります。ここで、TOEIC番長の実力を、複数の項目に分けて具体的にお話ししましょう。

【リスニング】

会話：

TOEIC程度のスピードと明瞭な発音で、スラングを含まない簡単な言葉を使ってもらえれば、8割くらいは聞き取れます。

日本在住の英米出身者はゆっくりと簡単な英語で話してくれるため、かなり聞き取れます。英語ができる韓国人・中国人の話にもついていけます。ただし、自国在住の手加減なしのネイティブの話のスピードだと、さっぱり聞き取れません。

また、仕事での会話ならまだしも、プライベートのくだけた会話では、TOEICでは見かけない表現が使われることも多いので、厳しくなります。

映画・ドラマ：

手加減なしの会話と同様に、スピードが速く、スラングが混じるため、かなり厳しいです。

演説・プレゼン：

ゆっくり話されるものであれば割と聞き取れます。

英語ニュース：

スピードが速くても、発音が明瞭なキャスターの話ならある程度はついていけます。しかし、一般人や学者がもごもごインタビューに答えるシーンなどは、非常に厳しくなります。

【リーディング】

ビジネス文書・メール：

日本語の４倍くらいの時間をかければ読めます。使われる表現が決まっている上に、回りくどく書くことが悪とされるため、すべての英文の中でも読みやすいです。

英字新聞：

出てくる単語が難しく、文章が複雑になるため、難しく感じます。格調が高いといわれる新聞や雑誌ほど、その傾向が強くなるため、なおさら読みにくくなります。

学術論文：

難しいです。ただ、これは日本語でもキツイため、単に英語力のせいというわけでもなさそうです。

Webサイト・小説：

一概にはいえませんが、英語のことわざなどをまったく知らないため、そういった内容を解釈するのに手間取ることが多々あります。

そして、リスニングとリーディングに共通していえることです。**英語ができる人は「日本語にせずに、英語のまま理解する」と言いますが、925点の僕は全然できません。**英語を日本語に変換してから、理解しています。

英語のまま理解することはそう簡単ではありませんが、語順は英語のまま理解しているようです。語順は英語のままの日本語を理解する能力が、リスニングや読み下しの練習で成長したのでしょう。

【スピーキング】

文法・表現：

日本駐在の英語ネイティブと仕事について話す場合は、要件を伝えるだけなら何とか大丈夫です。言いたいことを表すのに使う単語さえわかれば、それらを中学レベルの構文に当てはめることができますから。

ただし、数値の単位変換や否定疑問文への返答はいまだに苦労します…。

発音：

思いっきりカタカナ英語で不恰好です。ＬとＲで違いを出さず、リエゾン（音のつながり）も無視します。しかし、アクセントの場所を間違わなければ伝わります。

僕の英語は聞き取りにくいので、相手はきっとストレスを感じているでしょう。しかし、「英語じゃないと理解できないアンタのために、こっちだって無理して慣れない英語を使っているんだ」と思えば、相手の顔色が少しは気にならなくなるでしょう。

【ライティング】

ビジネス文書・メール：

Web上に多く存在する例文を参考にして単語を入れ替えれば、時間こそかかりますが、それなりの形になった英文を作ることは可能です。

しかし、単語の選び方1つ取っても、一筋縄ではいかないと思いました。同じような意味の単語同士でも、ニュアンスの違いが微妙にあるからです。僕の英語力だと、簡単な社内文書は書けますが、外部に出す文書は無理でしょう。ライティングは、英語のできる人にお願いしています。きちんとした、自然な英文や美しい英文を自分で書くのは難しいです。

以上になります。925点を取得しても、たいした英語力ではないことがおわかりいただけたでしょう。なぜこのような話をしたのか申し上げますと、「TOEICで925点を取っても、英語力はたいしたことがない」ことを強調したかったからです。

つまり、**そんなに英語力全般はなくても、取り組み方によってはTOEICで900点くらいを狙える**のです。**「英語力全般＝TOEICスコア」ではないのです**。TOEICのスコアを上げるためには、英語力全般の底上げをしないといけないわけではありません。この考え方こそがTOEICの勉強をする上で非常に重要だといえます。詳しい話は、次のChapter 3以降でじっくりとしていきます。

Chapter 3　【勉強を始める前に③】

TOEICの
スコアアップに
効果の高い勉強法、
効果の薄い勉強法

▶ TOEICの勉強に絞れば やらなくていいことは多い

TOEICのスコアを効率よく上げるためには、TOEICに特化した勉強をすることが近道です。

TOEICは英語のテストですが、英語のすべてが問われるわけではありません。そもそも、マークシートのテストですから、選択式の問題しか出せないわけです。受験者の英語力のうち、一部を試すのがTOEICと理解しましょう。**「TOEIC対策＝英語全般の勉強」と考えない**ことです。この考え方で勉強を進めると、かなりの時間がかかって大変です。TOEICの勉強に絞れば、取り組む必要のないことは実はたくさん出てきますから。

「TOEICに出ることも出ないことも勉強してテストを受ける」場合と「TOEICに出ることだけを勉強してテストを受ける」場合とを比べた時に、それぞれ同じ勉強時間を使ったと仮定すると、後者のほうが高いスコアが取れるのは自明です。

なぜなら、TOEICは毎回同じ問題形式・設問数で行われ、はっきりとした出題傾向がありますから。**問われるポイントを絞ることはそう難しくない**のです。

難しい語句や文法はそれほど覚えなくていい

ここで、試験の特性を知りながら、対策時に「やらなくていいこと」を考えてみましょう。

まず、マークシートのテストという試験の特性から考えます。つまり、試験で行うのは「答える＝選択肢を選ぶ」ことだけです。そのことも考えれば、次のようにいえます。

●消去法で正解にたどり着ける（ことが多い）
→厳密に理解できずとも正解を選べる可能性がある
●スピーキングとライティングはできなくていい
●正確な発音やスペリングは習得しなくていい

ものすごく極論をいえば、**さっぱり英文がわからなくても、時間内に正しい選択肢を塗ることができれば、スコアが取れるテスト**なのです。適当に答えた問題をマークしておけば四分の一は正解になります。TOEIC には誤答のペナルティがありませんから、とりあえず何かしらのマークをすることは鉄則です。

次に、テスト内容に焦点を当てましょう。

TOEIC は、「企業で英語を使ってやり取りをしながら働く力」を試していると思います。一方で、TOEIC の問題作成を行うアメリカの組織 ETS は、TOEFL という試験も運営しています。TOEFLは、英語を使って英米の大学で学び、研究する能力を測る狙いがあります。

同じ機関が作成していますが、試す英語の能力の違いからTOEICとTOEFLの2つの試験内容には違いが出てきます。そこで見えてきたTOEICの特性は、次の通りです。

●ビジネスや日常生活関連の題材がよく出る
●各国の文化に関する知識は要求されない
●スラングは出ない
●難しい語句や複雑な構文は問われない
●じっくり考えて答えるよりも、スピーディに答えることが要求される

ビジネスシーンの英語はわかりやすさが一番です。

そのため、**難しい語句や複雑な文章などは使われません。**スラングも仕事では使いません。

また、**ビジネスシーンではのんびりはできませんから、TOEICではスピードが問われると考えられるのです。**

なお、**ビジネスや日常生活で使われる語句は、一般的な高校や大学の英語教育ではほとんど触れない領域なので、仕事で英語を使っている人以外はTOEICに特化した形で語句を身につけていったほうがよい**でしょう。

ここまでに申し上げたTOEICの特性を踏まえると、TOEICで効率よく高いスコアを取るために「やらなくていいこと」が見えてきます。

- **話す・書く能力を高めるトレーニングは不要**
- **正確な発音やスペリングは習得しない**
- **聞く・読む上で精密さを求めない**
- **難しい語句や複雑な構文を深追いしない**
- **スラングや各国の文化の知識を増やさない**

もちろん、上記のことに取り組むことは構いませんが、効率性を求めるのであればやめることをおすすめします。

▶ ディクテーションは TOEICの勉強には効率が悪すぎる

今まで見てきたような効率性を考えると、**英語の勉強法としては一般的であっても、TOEIC 対策としてはすすめられないものがあります。**

例えば、リスニングの勉強法に「ディクテーション」というものがあります。簡単にいうと、「聞こえてきた音声の書き取り」です。聞き取った英文を正確に書くためには、a などの冠詞を含めたすべての単語が聞き取れなければいけませんし、語句のスペルもすべて正確に知らなくてはなりません。

リスニングとライティングが同時にできる、素晴らしい勉強方法なのですが、**ディクテーションが要求する「細部まで聞き取る能力」「一字一句正確に書ける能力」は TOEIC のスコアに直接は関係ありません。**

TOEIC のリスニングでは、冠詞がどうだろうと、単数

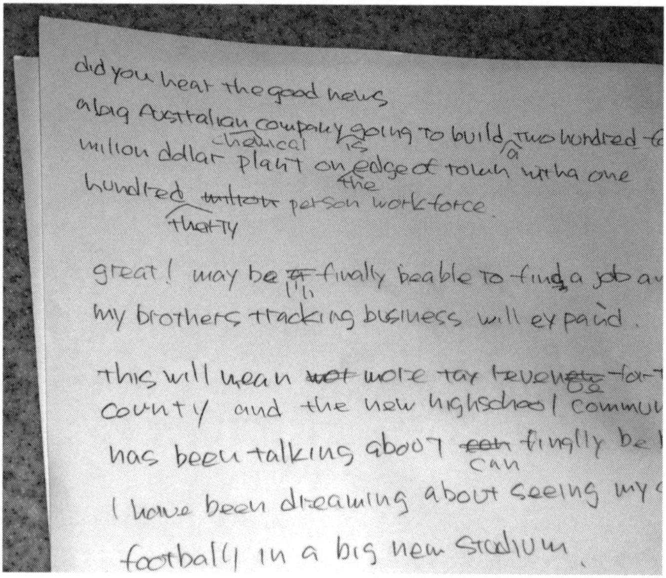
did you hear the good news
a big Australian company chemical is going to build two hundred
million dollar plant on a the edge of town with a one
hundred million person workforce.
thirty
great! maybe I'll finally be able to find a job
my brothers tracking business will expand.
this will mean more tax revenues for
county and the new highschool
has been talking about can finally be
I have been dreaming about seeing my
football in a big new stadium.

形か複数形かわからなかろうと、回答にはほとんど影響しません。細かなところよりも大体の意味を理解することができれば十分なのです。正解につながるポイントになる部分だけを聞き取れれば選択肢は選べるわけですから。

また、語句のスペルについては、聞いて読んで判別できる程度に知っていれば、書けなくても問題ありません。例えば、英文を読んでいる時に、through と though を見間違えなければ大丈夫なように。

ディクテーションが TOEIC 対策において非効率であると感じる最大の理由は時間がかかることです。英文を書くことは、単に聞くだけに比べて時間がかかりますよね。同じ時間をディクテーションと、単なる聞き込みに使うのであれば、後者のほうが多くの英文を聞くことができるのは当然です。

ディクテーションは、聞くことに集中できない時に集中せざるを得ない状況をつくるためには有用です。しかし、聞く量に比例してリスニング力も伸びると思いますから、書く時間を聞く時間に回してもらいたいですね。

▶ シャドウイングもムダが多くTOEIC対策に向いていない

声を出す勉強法の「音読」「シャドウイング（＝流れる英語の音声を追いかけながら声に出して読む）」も、TOEIC 対策としてはムダが多いと思います。

声に出すことによって、とっさに発声するのがスムーズになっていきますから、発音の矯正や状況に応じた的確な内容を話すことには大いに役立つでしょう。

しかし、**TOEIC では、話すこと自体が求められませんから、スピーキング力や発音の明瞭さはスコアに影響しません。**

まず、発音に関していえば、「リスニング力向上のためには、正しい発音ができることが必要。なぜならば、例えばＬとＲを区別して発音できないと、ＬとＲの聞き分けはできないから」という考えは正しいと思っています。100％聞き取るためには判別が必要で、そのためには発声法を知る必要があるでしょう。しかし、**TOEIC 対策においては、**

ディクテーションも シャドウイングも TOEICの スコアアップには 遠回りである。

発音トレーニングは不要だと私は考えます。

　というのも、TOEICのリスニングにおいて、ＬとＲの聞き分けができないことによって、正解を選べなくなることはほとんどありません。**100%聞けなかったとしても、大体の文意がつかめれば正解を選べる**のです。

　そして、中にはリーディング学習として、シャドウイングなどを取り入れている方がいらっしゃるかもしれません。ただ、声を出すことによって読むスピードは下がるため、同じ時間で読める英文の量は、黙読に比べて減ります。そのため、リーディング学習としての効率は低いと考えています。**声を出すことによってかかっている時間を、英文を黙読する時間に充てるほうがリーディングの練習にはよいのではないでしょうか。**

　何より、**声を出す勉強法の弱点は場所が限られる**ことです。私の主な勉強場所である電車の中で声は出せません…。

　ただし、記憶への定着度を上げるための反復として、声に出して読むことは効果的だといえます。特に、単語や例文を頭に入れる時などは、声に出すとよいでしょう。

　また、リスニングの音声を流しても上の空になってしまった時の集中するきっかけとしても効果的です。

何だかんだいってもTOEICは英語力向上に大いに役立つ

これまで僕がお伝えしたことを聞くと、「TOEICのスコアが上がっても、英語力はあまりつかないのでは？」と心配になるかもしれません。

しかし、**TOEICを意識した勉強がトータルな英語力向上にとってネガティブということはありません**。英語力全般という観点で見ると、能力にバラつきが多少出るものの、能力の合計がトータルの英語力だと考えれば、TOEICのスコアが伸びただけでも、英語力は伸びているといえるでしょう。

TOEICで問われるリスニング力とリーディング力だけ伸ばしたとしても、スピーキング力やライティング力も少しは合わせてついていくものです。

慣れは語学の各スキルで共有できますから。この観点からも、リスニングとリーディングだけの対策をすることをネガティブに捉えないでください。

スピーキングについては、最低限の用を足すだけのレベルには達します。中学レベルの文をもとにして単語を入れ替えれば、割と凌ぐことができるからです。自分が話す時は、自分が使えるレベルの簡単な単語や単純な文章を使って話せばいいということです。

感動的なスピーチは無理でも、旅行や定型的な仕事ならそれでかなり用は足りると思います。

ライティングについても、同様のことがいえます。**自分が知らずとも検索をすることで見つけた基本的な文例をもとにして書くことができるようになります**。今や英文は、PCで書くことが多いでしょう。PCを活用すれば、参考になる文例を教えてくれたり、スペルチェックをしてくれたりします。Googleなどの検索サイトを使うだけでも、かなりの用を済ますことはできます。

それに加えて、**TOEICのPart 6やPart 7は文例の手本になります**。リーディング対策をしていくうちに何度も英文に触れることになりますから、気づかぬ間に文例がじわじわと染みついていくのです。

以上から、自分のレベルに応じて話したり書いたりできるわけですが、これらに比べて、リスニングやリーディングは相手のレベルの英語がこちらの能力にかかわらず容赦なく襲ってきます。

リーディングは電子辞書やWebサイトなどを活用することで読みやすくすることはできますが、リスニングは今のところGoogleが助けてくれるようなことはないため、自分の力をつける必要があると考えています。

ただし、TOEICに特化した勉強によって、リスニングもリーディングも基本的な力が身につきますから、特化することを恐れずに対策していきましょう。

映画・ラジオ・新聞の活用も時間がもったいない

ここで、勉強用の教材についてお話ししましょう。

まず、**ある程度のレベルまで達した方は、出題傾向を意識して作られている「TOEIC 対策教材」が最も効率的に目標スコアにたどり着くための素材**となります。人によっては面白くない内容だと思うでしょうが、効率を求めるのであれば、やはり対策に特化することが大切です。

一方で、**TOEIC 対策としておすすめできないのが、英語の「映画」や「ドラマ」**です。海外の映画やドラマの映像は、音声を英語にして字幕も英語にすれば、100% 英語にできますし、内容も面白いといいことづくめです。

しかし、もともとネイティブ向けのものなので、リスニング教材としては難易度が高めです。もちろん、作品によりますが、総じてスラングや専門用語が多いので、TOEIC に出ない表現の比率が高いといえます。

アクション映画などは興奮して早口になる場面が多く、キャラに特徴を出すために滑舌がよくない人も出てくることがあります。そのため、TOEIC のリスニング音声よりもスピードが格段に速く、相当な上級者でなければ聞くのは厳しいでしょう。

また、映画やドラマに比べて、CNN などの「英語のニュース」は、リスニングの教材として映画よりはいいと思います。ただ、こちらもTOEICよりは速く話されるため、中級者でも苦しいでしょう。

TOEICのリスニングのスコアが450点くらい取れたところから、映画やドラマなどを教材にするとよいのではないでしょうか。

次に、利用されている方が多くいらっしゃる「NHKラジオ講座」は悪くはありません。しかし、番組内では日本語による解説に使われる時間が長いため、英語を聞く時間は多いとはいえません。その分、時間効率が悪いといえるでしょう。

では、リーディング教材はどうでしょうか。手に入れやすい**「英字新聞」は、TOEICに比べると英語が難しい**といえます。

もし英字新聞の中でどれかを選ぶのならば、「THE NIKKEI WEEKLY」か「The Japan News」でしょうか。これらは英字新聞の中でも難しい文が少ない分、リーディングの教材になるでしょう。

ここまで教材の話をしましたが、「英語による映画やラジオ、新聞などを使うな」と言うつもりはありません。これらの教材が楽しみや息抜きになるのであれば、日本語のものよりはいいことは間違いありません。英語力アップに貢献をして、TOEICのスコア向上にも間接的に影響するわけですから。

ただ、無理してストレスを抱えながら英語の映画を見るのなら、スコアアップの効率面から考えてTOEIC用の教材で勉強したほうがよいです。

TOEICは英検や大学入試ともまったく別物と考えよ

他の英語試験を同時に取り組む方もいらっしゃるかもしれません。

まず、受験者の多い**「英検」ですが、TOEICと別物だ**

と考えましょう。英検の級によっては、使われる単語も出題傾向も異なります。そう考えると、当然のことながら、TOEIC 用教材で対策をするほうが効率的です。

ただし、TOEIC 用教材を使っても苦にならないレベルに達していることが前提になります。そうではない場合は、TOEIC 用教材に取り組む前に、基礎レベルを習得することから始めましょう。

とはいっても、**基礎レベルを強化するには、TOEIC 用教材にはいい本が少ないです。むしろ中学・高校生向け教材のほうがいい場合が多い**です。基礎レベルに限っていえば、どんな英語の試験にも通ずる必須の内容や表現ばかりですので、出題傾向は関係なくなるのです。中高生向け教材でもまったく問題ありません。

この話に関連して、大学入試の教材についても触れます。**大学入試の英語も TOEIC とはだいぶ異なる**と考えてください。

TOEIC では、大学入試で出るような複雑で難しい英文が出ることはありません。このため、マニアックな文法を理解する必要はありません。また、英文をいったりきたりしながら読んで和訳する力は必要ありません。ですから、教材を選ぶ際にはご注意くださいね。先ほど申し上げたように、基礎レベルを強化する場合に限り、高校生向けのものでも構いません。

単語についても TOEIC はビジネス寄り、大学入試はアカデミック寄りと出題傾向が違います。基礎レベルの単語

が終わったら、TOEIC 用の単語本に早めに取り掛かりましょう。

一番いい教材は
TOEIC専用教材。
ただし、
英語基礎力強化には
中高生向け教材が
ベスト。

Chapter 4　【勉強を始める前に④】

TOEICの勉強の多くは家でなくてもできる

スキマ時間を制する者がTOEICを制す

この章では、どこでどのような勉強をするのがいいのかなど、時間の使い方についてお話しします。

僕の場合、TOEIC初受験までの6カ月間、総勉強時間は約200時間でした。このうち、家で勉強したのは合計20時間にも満たなかったと思います。子持ちなので、家では気が散ってとても勉強どころではないのです。

では、**家以外のどこで勉強したのかというと、通勤時などのスキマ時間が基本**です。勉強を始める前はムダに過ごしていた時間を勉強の時間に変えただけですから、スキマ時間が非常に有意義な時間になったのです。

そもそも、**語学の勉強はスキマ時間向け**だと考えています。**TOEICの勉強の中でも、模試本を時間通りに解く以外の勉強は、ほとんどが机なしで取り組むことができます。**

例えば、単語を覚えるという勉強なら、1分あれば単語本を見ては声に出せば、3ワードほど勉強することができます。3分あれば、TOEICのPart 3の音声を2回聞くことができます。

こういった勉強はまとめて時間を取って何回も連続して取り組むと、疲れる上飽きますからけっこう辛いです。そのため、スキマ時間に少しずつやるほうが楽なのです。

特に、単語の勉強は、ある程度のインターバルを置いて

反復したほうが記憶に残りやすいので、まとめてやるより細切れのほうが辛くない上に効果的ではないかと思います。

また、リスニング練習に至っては、音楽再生プレーヤーがあれば、歩きながらでも、車を運転しながらでも勉強ができるのです。手ぶらで何も見ずに歩きながらできる勉強は他にはあまりないでしょう。

そう考えると語学は本当に、スキマ時間向き学習だと思います。

以前、簿記の勉強をしたことがありますが、スキマ時間で取り組むことは難しかったです。仕分けなどの練習をするにはまとまった時間が必要ですし、机や筆記用具や電卓が必要になるため、とても電車の中でできる勉強ではなかったです。

ムダに過ごしてきた時間が有効活用できる!

特に強調したいのは、**スキマ時間を使って TOEIC の勉強をする限りにおいては、勉強をすることで犠牲にするものがあまりない**こと。だから、挫折しづらく続けやすいのです。これが僕のすすめる勉強法のポイントです。

趣味や家族サービス、睡眠時間を犠牲にして勉強する人がいます。しかし、僕が見ている限りでは、多くを犠牲にする勉強は苦しく、よほど切羽詰まった状況にない限りは続いていないようでした。

また、「高い目標に向かって困難な学習計画を実践する」方がいます。これが実際にできれば素晴らしいのですが、残業や断れない飲み会が増えて勉強できない日が少しでも続くと、もともとの計画がハードなだけに、計画通りに進めることができなくなります。その結果、ストレスを抱え、しまいには挫折するというケースもよく見てきました。

語学学習にはある程度の時間がどうしても必要で、継続して取り組むことが求められます。継続をするためには、あまり無理をしないことをすすめます。**たいていは「多くの犠牲を払って勉強を頑張る＝挫折への近道」だといえる**でしょう。

ですから、**あまり困難な目標を置かずに、少しでもいいから続けることを優先し、やれる日には計画以上におまけをして取り組むくらいがちょうどいい**です。低い目標を置いて、気分よく自分をほめながら勉強するのです。

そして、低い目標を達成する上でおすすめなのは、スキマ時間をTOEICの勉強に回すことです。先に申し上げたように、他に犠牲にするものが少ないため続けやすいのです。語学の勉強に限れば、短い時間の割に成果が出ます。

先ほどから言っている**「スキマ時間」は1日の中で意外にたくさんある**ものです。暮らし方によりますが、電車やバスの中、歩く時間、車を運転する時間などさまざまな短い時間を合計すれば、1日当たり合計1時間は簡単に捻出できるのではないでしょうか。ぜひご自身のスキマ時間を探してみてください。

家でやらないことで集中力も自ずと高まる

スキマ時間の勉強は、自ずと家以外で取り組むことが多くなります。

家にはたくさんの誘惑がありますよね。ネットが見放題。本。テレビ。挙げたらキリがありません。勉強より楽しいものに溢れているのです。家事や家族との会話など、他にもやらなくてはならないことがあるでしょう。

一方、電車を待つなど家の外でのスキマ時間は、誘惑するものはありませんし、話しかけられることはない環境が多いです。そのため、**「ボーっとするくらいなら勉強でもするか」という気持ちになりやすく、邪魔がない分、集中力も高まる**と思います。

外出時のスキマ時間を使えば無理なく継続して集中できる。しかもムダな時間の有効活用にもなって一石二鳥！

▶ スキマ時間にできる勉強は意外と多い

ここで、具体的なスキマ時間を使った勉強法を紹介します。

【電車勉】

僕は通勤時に片道1時間ほど電車に乗るので、電車の中がメインの勉強場所でした。**通勤時間以外にも電車で移動する時間のある方は、その時間も勉強に回すことができます。**

電車の中は退屈なものです。退屈だということは、気を散らすものが少ないと言い換えられますね。ですから、勉強にはいい環境だといえます。

電車の中の時間を勉強に充てることで、できなくなるのはスマホいじりの時間か、新聞や本を読む時間くらいではないでしょうか。

電車の中は耳も目も使えますし辞書も引けますから、多くの勉強ができる場所です。立っていたとしても、本書のサイズくらいの小型の本であれば難なく勉強できます。もちろん満員電車の場合は厳しいですが…。

もし座ることができれば、重たい本や大きな本で勉強することも可能です。

電車勉の問題点は騒音がうるさいことです。リスニングの勉強中は特に気になるでしょう。しかし、ノイズキャンセリングヘッドフォンというものを買えば、かなり解消されます。僕も試して効果を実感しました。

語学学習では音楽ほど音質を気にする必要はありませんが、音自体はきっちり聞こえないと勉強になりません。このヘッドフォンは電車勉必須学習グッズだといえますね。

また、**スマホは辞書として使えますし、英語のサイトを読むこともできます。片手でできる学習アプリもあるため、電車勉には有益なツール**です。

しかし、ゲームに興じてしまったり、ニュースやSNSのチェックをしたりして時間を浪費する方は、車内では封印したほうがいいでしょう。

加えて、日本語の新聞や本を読むこともやめましょう。家や会社で読めばよいです。

【徒歩勉】

歩いている間に勉強は可能です。歩く時間は、他にやれることが音楽を聞くか考えごとをするくらいしかありませんよね。ムダにしている時間がほとんどではないかと思います。

語学学習のおいしいところは、歩いている時でもリスニングの勉強ができることです。家から駅への道や電車の乗り換え間、駅から勤務先への道などの時間をすべて勉強時間に充てることができます。犬の散歩の時にもできるでしょう。

【車勉】

車の運転中でも歩いている時と同じように、耳だけは全力で勉強に向けることができます。通勤が車の人は、通勤時間でリスニング学習ができますし、営業で車を使う人はその運転時間を勉強に使えます。

もちろん仕事中だけでなく、ドライブなど家族サービス中でもリスニング学習は可能ですから、家族が怒り出すまではチャレンジしてみる価値はあるように思います。

当然ですが、運転中に本は読めないので、リスニング学習が中心になるでしょう。ヘッドフォンが使えないので、スピーカーから音を出す必要があります。

車内での学習には長所があって、電車の中だと難しい「声に出す」勉強ができます。定着度を高めるために、短文のリピーティング（音声のオウム返し）やシャドウイングをやってみてもよいでしょう。

なお、車内でCDやMP3データを再生できれば問題ないのですが、営業車などの場合は環境が整っていないこともあります。
　しかし、FMラジオがついている車ならば、MP3プレーヤーにFMトランスミッターをつけて、車のラジオから聞けるようにすることができます。こうすればCDを入れ替える作業も発生しないので、使い勝手にも優れています。

【ランチ勉】

　昼食時に勉強することです。社員食堂ではやりにくいのですが、職場の外だと割とはかどりました。
　立派なテーブルがある店ならばさまざまな勉強ができますから、大きいサイズの本を使うことも可能です。**ランチ勉が一番やりやすいお店はファミレス**。テーブルが大きく、ドリンク飲み放題のところも多いからです。静かな割には勉強が許される感じがします。しかし、近くに予備校があるエリアだと勉強禁止の店もありますので、ご注意ください。
　なお、当然のことながら、人と一緒だと勉強ができないため、昼食時にうまく姿を消すテクニックを身につけましょう。「お昼に行こうよ」と言われる前に、昼休みになった途端に速攻で会社を出るといいかと思います。
　食後にコーヒーを飲みながら勉強するのが普通でしょうけれど、慣れれば音声を聞きながら食事をすることもできます。

【カフェ勉】

カフェでの勉強です。別の店で昼食を食べた後はもちろんのこと、退社後、家に帰る前に勉強する時に利用するといいでしょう。

スターバックスのようなカフェは総じて静かで勉強しやすいです。机は小さめですが、ドトールも十分可能です。マクドナルドはコーヒーが安く、退社後に軽く食べつつ勉強する場合にいいのですが、20分おきくらいに入る広告アナウンスが少しうるさいかもしれません。

また、ネットカフェにもいい店があります。静かで個室に仕切られるので気が散りません。飲み物は無料です。ただ、寝ることが重視のところだと、机やイスがない場合もあります。店の造りは要チェックです。もちろん、マンガ好きな人は絶対にマンガを読み始めないようにしましょう！　すぐ朝になりますよ。

【風呂勉】

お風呂で勉強することです。**防水仕様のCDプレーヤーやMP3プレーヤーを利用すればリスニング練習が可能**です。単に聞くだけでなく、**リピーティングやシャドウイングもできますね**。

防水でないスマホは危険極まりないですが、防水のスマホであれば風呂勉にはもってこいです。長くお風呂に入る方はリーディングの練習をすることも可能でしょう。

教材の中にはプラスチック製の、濡れても平気なものがあるので、これを湯船で眺めるのもいいですね。

【スポーツ勉】

種目を問わず、スポーツをしている間に勉強することです。ウォーキングやランニングをする方は、**この間にリスニング練習をすることができます**。ランニングコースには街中を歩く時ほど眺めてしまうものも多くないので、気が散りにくいですし、**運動の負荷が軽くかかっている状態はけっこう集中できるものです**。

通常のヘッドフォンだと、走っている間に取れる可能性があります。取れにくい構造で、汗や突然の雨にも強い防水仕様のものを用意するといいでしょう。

Chapter 4

また、ジムでウエイトトレーニングなどをしながら聞くこともできます。僕はいまひとつ集中できませんでしたが…。一方、エアロバイクは勉強場所としてなかなかいいですね。教材を汗で濡らすことに注意すれば、教材を読みつつ音声を聞くことも可能です。

【出張勉】

出張中の勉強です。１人での出張は非常にはかどります。

まず、移動中にまとまった時間をたっぷりと取ることができます。飛行機の中は定常的な騒音なのでそんなにうるさく感じませんが、実際は電車以上に騒音が大きな環境ですので、**ノイズキャンセリングヘッドフォンでないとリスニングの練習は厳しい**でしょう。

仕事が終わってホテルに帰ると、異常に勉強がはかどります。部屋ではテレビくらいしか誘惑がありませんから気が散りません。締め切りの迫った作家さんが編集者にホテルに缶詰にされて原稿を書くという話をよく聞きますが、まさにその通りだと納得しました。

出張の目的地が英語圏ならば周りは英語だらけです。最も強力な記憶術である「エピソードと結びつけてフレーズを記憶する」チャンスが山ほどあります。最高の勉強環境だといえるでしょう。旅先で会話した内容や聞いたアナウンス、読んだ文章は本当に忘れにくいものです。

スキマ時間に勉強できる
クセがつけば成功したも同然

スキマ勉をやるだけならば、「英語学習のモチベーションを高める」という最大の難関をクリアする必要はありません。頑張って勉強している気がしないので、それほど高いモチベーションは要らないのです。にもかかわらず、続けていればちゃんと成果は出ます。成果が出ればモチベーションは上がりますよね。ですから、**学習のモチベーションを上げる代わりに必要なのは、スキマ勉の習慣づけ（=勉強をクセにすること）**です。

「電車に乗ったら勉強する」「歩く時は勉強する」といったクセがつけば、TOEIC の勉強が軌道に乗ったも同然です。まずは、**3週間平日毎日、通勤時などの決まった時間に、決まった場所で15分の勉強を続けてみましょう**。人間は本当に習慣の生き物で、クセがつくと「電車で勉強やらないと、何だか気持ち悪い」くらいになってくるのです。

とはいえ、僕は電車内では寝るクセが激しくついており、乗車時間の半分も勉強できませんでした。月曜は頑張れるものの、次第に仕事での疲れが残ってきて、木曜くらいになるとだんだん寝る時間が長くなりました…。

それでも合計すれば、平日は1日1時間以上やれていましたね。スキマ勉を積み重ねた結果です。電車に乗らない週末は勉強ができませんでしたが、それでも885点は取れましたし、その後に受けた時は925点に達しました。

ただし、後述しますが、TOEICの対策には本番同様に時間を計って模試本を解くことが大変重要です。さすがにこれだけは、家や図書館でやるしかありません。

最後に、勉強を続けるための工夫をいくつかご紹介して、次の章へ進みましょう。

○周りに宣言する

禁煙したい人がよくやる作戦ですが、同僚や家族などに対して「今年中にTOEICで730点取る」などと宣言し、目標を書いた紙をどこかに貼るなどして精神的に退路を断つ方法です。

効果はあると思いますが、あまり目標が高すぎると無理が生じてしまうため、目標設定はほどほどの難度にすべきでしょう。

○ライバルをつくる

職場の同僚などを誘って一緒にTOEICを受けるのです。その中でも特に効果的なのは、「彼／彼女に負けたら頭にくる」くらいに思う若者をTOEICに引き込むことです。

なぜなら、若い人は記憶力がいいため強敵になりますし、その悔しさがバネとなり勉強を続けることにつながります。

お子様がいらっしゃる方は子供と一緒に受けるというのも、お互いに「負けられない」と思って頑張れるようです。

頑張らなくていいから
勉強を継続しよう。
そのためにはスキマ
時間の勉強をクセに
したい。むしろ家で
勉強するのは難しい。

Chapter 5

【まずは基礎力を養成】

中学英語のマスターがTOEIC攻略の近道

▶ 中学&高校1年生レベルを習得するだけで500点に達する

TOEIC IPテスト（団体特別受験制度による試験。出題形式はTOEICテストと同じ）の高校1年生の平均スコアは370点で、進学校の高校1年生だと500点台も普通だそう。つまり、**中学英語と高校1年生の英語がしっかりできていれば500点は取れる**と言えそうなのです。

この事実はとても重要ですのでさらに強調しておきます。**英語の勉強において基礎はとても大切**だということです。(ここでいう基礎は「中学校3年間＋高校1年生レベル」だとお考えください。）基礎と聞くと簡単でナメてしまいがちですが、**「基礎＝超頻出項目」と言い換えられる**ことが大事なのです。そのため、基礎ができていないとわからないことだらけになるのは当然です。

一般的な英文を見る限り、**名詞を除けば、I, you, do, haveといった、全体の約8割の単語は中学で習う単語**です。会話文は難しい単語や言い回しは使わない傾向にあるので、他の英文よりも中学英語の比率は高まるでしょう。

文法も同じです。中学で習う文法・構文を使わない英語はありません。**中学で習う文法がわからないと、話す／聞く／読む／書くことがすべて難しく感じる**はずです。

ですから、英語に触れる以上、基礎をきちんと固めない手はありません。**500点を取れない方は、中学レベルで**

すら忘れている可能性がけっこうありますから、中学英語の復習から始めることをおすすめします。

勉強効率低下の原因は中学英語の理解不足にあり

TOEIC用の教材を読んで以下の経験がある方は、その教材は一度しまって、基礎からやり直しましょう。

- **文法事項の解説がいまひとつ理解できない。文法用語の定義が怪しい**
- **1ページに5語以上知らない単語が出てくる**
- **単語の意味は全部わかるのに、英文の意味がわからない時がある**

大学入試から20年以上経ち、その間に英語にあまり触れなかった場合、どんどんと英語を忘れていきます。高校1年生の時点よりも英語力がなくなってしまうことは十分ありえるわけです。それがTOEICの勉強を始めた頃の僕でした。「主語が3人称単数で現在形の時、動詞にsがつく」という超基礎すら忘れていましたから…。当然のごとく、上の3つはすべて当てはまりましたね。

このレベルの英語力でTOEIC用教材を読んでいたので辛かったです。解説を読んでもわからない箇所が多く、リスニング音声はお経と変わらない状態の勉強でしたから。加えて、理解できないので進歩している感じがありませんでした。**進歩している感じがしない状態ではスコアアップ**

が望めない上、モチベーションを維持することが難しいという問題があります。

多聴や多読は中級者以上ならいいかもしれませんが、**意味のわからない単語が多すぎる初心者の場合、いちいち単語の意味を調べていると勉強の効率が下がります**。時間効率が悪いのです。

中には、単語の意味を調べても文の意味がわからないものも出てくるでしょう。その場合、文法の知識が抜けている可能性が高いです。文法を復習することもおすすめします。

中学英語の学習は
超頻出事項の
マスターと
TOEIC用教材の
スムーズな理解に
つながるので重要!

僕がこの状態から脱出できたのは、**無理にTOEIC用教材を続けてもダメだと確信し、基礎からやり直すことにした**のがきっかけでした。このおかげで、理解できずにしんどかった勉強がだいぶ楽になりました。多少は進歩もし始めたため、モチベーションを保つことができました。

▶ リスニング教材としても活用できる例文つきの単語本がよい

中学レベルから復習する際に集中すべきは、単語と文法です。

中学で習う英単語は例外なく超頻出ですから、1つでもわからないものがあったらマズイです。動詞や助動詞の場合は、過去形も含めて身につけておきましょう。そして、**単語を見て意味がわかるだけでなく、聞いてわかることも重要**です。ですから、単語用の教材を選ぶ際には音声つきのものにしてください。

中学レベルの単語を復習する上でおすすめする教材は『例文で覚える中学英単語・熟語1800』(学習研究社)です。1つの文の中に、複数の重要な単語が組み込まれた例文で勉強するタイプの単語本です。バラバラに単語を覚えるよりも効率がいいですし、構文に慣れることもできます。また、例文は長くないため、リスニングの教材として何度も聞き返す上で便利です。

文法は高校レベルまでマスターしなくていい

中学レベルの文法も、とても大事です。なぜなら、**英文の意味をつかむための最低限のルールは中学で習う文法**だからです。

これらを思い出せば、TOEIC用教材の解説がスムーズに理解できるようになりますよ。**単語も文法も、新しいことを勉強するわけではなく、昔習ったことを思い出すだけですから、皆さんが思うほど、復習に時間はかからない**と思います。

文法を復習する際の教材は、ご自身のレベルに合わせて選んでください。いくつかおすすめの本を挙げます。

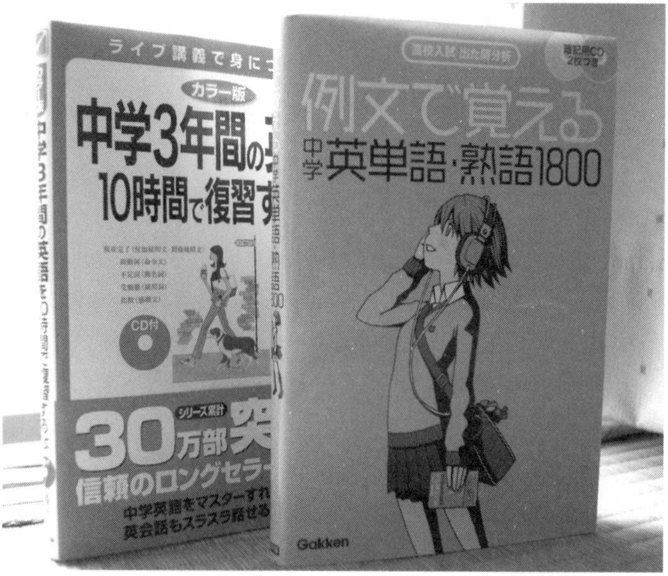

大体わかっていると思われる方は『カラー版 中学3年間の英語を10時間で復習する本』（中経出版）がいいでしょう。中学英文法という括りではないですが、『CD付き トコトンていねいな英文法レッスン』（ナツメ社）もおすすめです。この本は、仮定法（仮定法については後述）の解説が載っているのがいいですね。

相当忘れていると思われる方は、練習問題が多い『中学英語をもう一度ひとつひとつわかりやすく。』（学習研究社）で本格的にやり直すとよいです。手っ取り早く600点を狙うのであれば『新TOEICテスト中学英文法で600点！』（アルク）がベスト。中学レベルの文法の知識があれば解けるTOEICの問題を解説している本です。

中学レベルの上には、高校レベルがあります。しかし、細かな知識を知らなければ読めないような、返り読みをして意味を取るような難しい文はTOEICには出ません。ですから、高校レベルの英文法の知識までしっかりとやる必要はありません。

特に、**大学入試用の難解な英文読解対策の教材はTOEICに出る英文とは傾向がまったく異なります。返り読みをするクセがついてしまい、テンポよく読んでいく必要のあるTOEICにはむしろ有害**だといえるでしょう。

手を広げすぎず、中学レベルをしっかりおさえることに専念しましょう。そして、TOEICのPart 5に頻出の文法学習をしましょう。高校レベルを網羅するのではなく、Part 5に頻出の文法を個別に勉強したほうが効率的ですし、範囲も広くないので楽ですから。

▶ 仮定法だけは おさらいしておこう

高校レベルの英文法を軽視している僕ですが、1つだけ勉強したほうがいいと思う文法事項があります。それは「仮定法」です。この項目は中学では通常習わないので、中学英文法の本には出てこないことが多くなります。

たいていの場合、文脈で意味は十分わかるのですが、文の時制と表す意味の時制に差があることで紛らわしいので、**仮定法だけはおさらいしておきましょう。TOEICでは**

Part 3の会話の中に出てきたり、リーディングセクションの中で使われたりすることは多々ありますから。

単語本はリスニング学習にも使おう。高校レベルの難解な文法まで真面目に取り組むとTOEICでは有害になることも。

中学レベルの単語や文法を復習すれば、TOEICで500点近くまで取れることが多いですし、TOEIC本の解説がわかるようになるので、勉強の効率がぐっと高まります。

勉強を行う際には、一度ですべて覚えるというような非現実的な考え方はやめて、9割覚えられれば十分だと考えてください。そして、しばらく期間を空けてから再び取り組み、忘れてしまった事項を復習することでまた9割まで理解するというのを繰り返していけば、無理なく勉強を続けることができるでしょう。

Chapter 6 【TOEIC受験者全員の通過儀礼】

絶対におすすめ!
単語本『DUO 3.0』
での勉強

単語力を鍛えておけば今後の勉強が非常に楽になる

Chapter 5では、中学レベルの英語の重要性を強調しました。このChapterでは中学レベルをマスターし、500点ほどは取得できるようになったら何をすべきかをお伝えします。

それは**『DUO 3.0』（アイシーピー）という単語本を徹底的に活用すること**です。この本を使って、一気に600点台までレベルアップさせる勉強法を紹介します。

この『DUO 3.0』は大学入試対策用として有名でしょう。しかし、この本に載っている語句は、どのような種類の英文でもよく見かけるものばかりですから、この本はTOEIC対策としても十分に利用できます。

主な特徴は、短い1文に重要な複数の単語が凝縮されていることです。このため、**少ない数の短文を読むだけで頻出の語句を用例とともにたくさん覚えることができる**わけです。勉強の効率が非常に重視されているといえますね。

この段階で単語を重点的に勉強する理由は、**今後の勉強を効率よく進めるため**です。

TOEICのリスニングやリーディングの勉強をしている時に、わからない単語が多く出てきて、その意味をいちいち調べることは非常に効率が悪いですし、ストレスもたまります。ですから、前もって単語力を強化しておくわけです。

そして、**「Part 7のリーディングが遅くて苦手」とおっしゃる方の多くは単語力不足が原因**です。英文を読む中で少しは知らない単語が出てくるのは普通のことです。多少であれば文脈から想像してわかることもありますが、あまりにたくさん知らない単語が出てくると、文脈から想像することは難しくなり、大まかな意味すらつかめません。

しかも、試験時間切れで悩まされるTOEICでは、文脈から単語の意味を想像している時間がもったいないですよね。**単語力なくしてスコアアップは望めません**。

「単語の学習はやらずに、英文を読む中で出てくる知らない単語をそのたびに覚えていけばいい。そのほうが用例もわかっていい」という勉強法を聞いたことがあるかもしれません。

この勉強法は間違っていませんが、１ページにせいぜい１、２個知らない単語が出てくるくらいでなければ厳しい方法です。中～上級者向けの勉強法でしょう。２行に１つでも知らない単語が出てくるような初心者には無茶であり、非効率な勉強法です。初心者の方々は、このような意見を真に受けないようにしてください。

▶ リーディング力だけでなく リスニング力までつくスグレモノ

単語本の中でも『DUO 3.0』をイチオシする理由は以下の通りです。

●難易度に合わせて、２種類のCDがある
●リスニングの入門教材としてもベスト
●単語のセレクトと例文の質がいい

まず、CDには「基礎用」と「復習用」の２種類があります。「基礎用」だとCD５枚組なので、「こんなに聞かなきゃいけないの…!?」とドン引きするかもしれません。しかし、枚数が多い分だけ非常に親切にできています。**TOEIC本番のリスニングより遅い速度の音声が入っているので、初心者でも使いやすい**のです。

加えて、**『DUO 3.0』の例文は1文につき10語程度の短文ですので、聞き取れるようになるまで何度も繰り返しやすい**のです。何度も聞く中で、頻出の単語や熟語を使い方とともに覚えることができます。

僕は最初、「基礎用」ですら聞き取れないところがたくさんありました。そこで、聞き取れなかったところを繰り返して再生するようにしたところ、聞き取れる部分が増えていきました。繰り返しは、**例文を覚えてしまうほどしつこく再生**、です。

その後、すべて聞き取れるようになったら、今度は「復習用」を使いました。こちらは音声がTOEIC程度に速くなっていますが、**CD 1枚に本1冊分すべての例文が収録されているので、1時間で本1冊分の復習が可能**です。最終的には、TOEICの試験本番で聞き取れるところが多くなり、リスニングで465点を取ることができました。

『DUO 3.0』を使った勉強は、500点台くらいの方を中心に非常に効果的な勉強だと思いますので、だまされたと思ってぜひやってみてください。TOEIC音声がお経にしか聞こえない方は、その状態から必ず脱出できます。

もちろん、例文に何度も目を通すことによって、リーディング力を鍛えることにもつながります。例文の中で頻出の語句を覚えることになるので、用例を知っていくことになりますね。

何度も繰り返し聞いたり読んだりするため、単調で辛かったこともありましたが、大きな力がついたため、とてもお得な勉強でした。『DUO 3.0』はリスニング力もリーディング力も上がる最高のトレーニング教材です。

苦手単語のマーキングと単語カードの併用が効果的

『DUO 3.0』の詳しい使い方を見ていきましょう。

①「基礎用」の音声を聞きながら英文を見る。
→単語の意味とともに、単語の発音をおさえる。
→音声を繰り返して聞く。
→この流れを2～3周行う。

② 英文だけ見て、語句の意味がわかるかどうかをチェックする。
→覚えていなかったものは印をつける。
→後日、印のついたものを再チェックする。

③ 音声だけ聞いて、聞き取れなかった部分を含む英文を本でチェックする。
→その文の音声を繰り返し聞く。

④ ①に戻る。

⑤ 8割以上聞き取れるようになったら、「復習用」の音声に挑戦する。

僕の場合、結局は5周くらいやりました。1カ月以上『DUO 3.0』しか使っていない時期がありましたし、その後もたまに読んだり聞いたりして、忘れているところをチェックしました。

まずは、例文と親しむことに重点を置くように心がけてください。

次に、**例文が聞けて意味がわかることを優先して何周か取り組んだ後、各単語の違う意味や類義語まで覚えていく**ようにしましょう。

類義語はTOEICでは重要です。例えば、Part 3の問題などで、正解の選択肢の中に、同じ意味の類義語を使うことで、受験者にすぐに答えられないようにすることがよくあります。類義語まで知っているか試されているわけです。正解の内容を言い換えた類義語が選択肢にあれば、それだけで、その選択肢はかなりの確率で正解になるほどです。

単語は、その場で完璧に覚えようとするよりも、何周も繰り返して、できる限り多く触れるほうが辛くなく効率がいいです。

また、すでに自信を持って覚えている単語を何度も復習することは非効率的です。**覚えられなかった単語に印をつけ、次に印のついたものに絞って復習するなど、記憶しづらい単語に時間を多めに配分すれば、さらに勉強の効率は上がります**。

それでも、なかなか記憶しにくい単語は出てくるものです。そこで、超苦手な単語を覚えるために僕がおすすめする方法は、とてもアナログな「単語カード」の活用です。100均で売っているもので十分です。

この**単語カードの利用は、自分で手を動かして書くことによって覚えるきっかけになりますし、リングを外して、覚えていなかったものだけを集中的にチェックできるので、効率よく反復学習できます**。

「基礎用」をクリアし、「復習用」も大体聞けるようになったら、今度は『速読速聴・英単語』シリーズ（Z会）など、類似した他の単語本を使うという手もあります。どの単語本でもTOEIC用でレベルが同じくらいなら、結局出てくる単語はほとんど同じです。

また、今度はアナログとは真逆ですが、単語を覚える上で役に立つスマホアプリがあります。有用なものがありますから、その併用もおすすめです。後ほど、使えるアプリのご紹介をしますね。

『DUO 3.0』の基礎用、復習用CDを使ってリーディング&リスニング力を同時にアップ。単語カードの併用も効果的。

Chapter 7 【リスニング対策】

設問先読みと引っ掛けパターンの意識が大事

世の中には効果が怪しい勉強法が多すぎる

一般的にTOEICでは、リーディングよりもリスニングのほうが点を取りやすいです。そのため、リスニングのほうがスコアアップの効率もよいとされています。

リスニングが苦手という方は非常に多いのですが、苦手意識が強いがために、間違った勉強をしてきただけかもしれません。本書でご紹介する通りに勉強すれば、必ず伸びます。

最初に、僕の意見を書きます。世の中には、どうもオカルトに近い勉強法も出回っているので、それに対する疑問も投げかけたいと思います。

●「聞き流し」は、勉強したつもりにすぎない

世の中には「聞き流すだけでOK」と謳うリスニング教材があるようですが、個人的には疑っています。**理解しようともせずに流す音声は、雑音と同じ**ではないでしょうか。集中して聞き取ろうと思わないと、何の効果もないでしょう。

音声を流していても、頭の中では別のことを考えてしまうことがあると思いますが、この状態はまったく勉強になっていません。気が散るのはある程度は仕方ないとしても、

これで勉強をしているつもりになるのはよくないので、やる以上は集中して聞きましょう。

どうしても気が散って集中しにくい時は、短文なら聞いた後に止めてリピーティング、長文なら音声に少し遅れてシャドウイングといった「声に出す」ことが、集中を継続するためには効果的です。

●最初は英文（スクリプト）を見ながら聞かないと意味がない

「この単語やこの文章のまとまりは、こういう音声になるんだ」という対応関係を学ぶのが、リスニングの練習だと考えています。**字を読める環境であれば、英文を見ながら音声を聞き、文と音の対応関係を学びましょう。**

初めて聞く音声は、英文を参照しながら聞くことをすすめます。英文を読みながら同じ音声を何度か聞けば、そのうち英文を覚えてしまいます。すると、似たような英文の聞き取りが格段に楽になりますよ。

●多聴より精聴

文と音声の対応を覚えていくのがリスニングの練習です。聞き取れるようになるまでは、同じ音声を繰り返し聞く必要があります。

もし聞けなかったところを放置して次の音声にいった場

合、非常にもったいないことだといえます。完璧に聞けなくてもいいですが、大部分は聞けるまで繰り返してから次に進んだほうがいいと思います。

多くの初・中級者は、英文をたくさん聞くことばかりにとらわれて、**理解が中途半端なまま次の英文に進みがちです。これでは勉強をしているつもりになるだけで、リスニング力はなかなかつかない**でしょう。

なお、1部分だけ聞き取れない時は、その部分を聞くためだけに全文聞き直す必要はなく、聞こえないところを何度か聞き直せばOKです。

聞き流しや
むやみな多聴など
“したつもり”の
勉強の効果は
疑ったほうがいい。

●一発で音をすべて聞き取れる必要はない

TOEICは選択肢を選ぶ問題だけなので、厳密に理解できなくても答えられる問題はあります。英文の意味が大体取れれば、正解の選択肢を選ぶことが十分できますから。

例えば、前置詞や冠詞、複数形、３単現のｓなどは、正確に聞けなくてもいいのではと感じます。たいてい弱く発音されて聞き取りにくい上に、文脈がつかめていれば意味を取ることは可能です。あまり気にしすぎないほうがよいですね。

ただ、canとcan’tなどは意味が反対になりますので、

こういったものは区別できるようにしておきたいですね。僕の場合、canとcan'tは、音というよりも強弱で聞き分けています。聞こえたらcan't、聞こえない時はcanくらいの識別力です。

これらに比べて、**文意を取る上で重要な名詞や動詞、接続詞などは強く話されます。強く話される言葉さえ聞くことができていれば、文意は取れる**ものです。

●レベルに合った音声を聞こう

英文を見ながら音声を聞いたとしても、まったく聞き取れない音声だった場合、その音声は今のあなたにはレベルが高すぎるといえます。聞けるまで繰り返す勉強は辛すぎるため、もっと短く、もっと遅いレベルの音声に変えることをおすすめします。

簡単なものから徐々にレベルアップしていって、TOEICのレベルに達したほうが、回り道のように見えてリスニング力を上げる近道です。

速度が遅いほど、文が短いほど聞きやすいので、自分のリスニング力に合った音声教材を探しましょう。

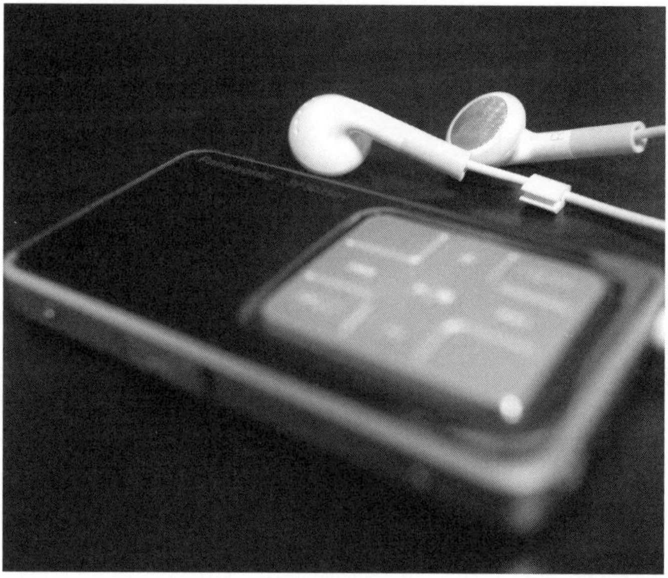

▶ 音声と英文をしっかりと照合させる作業を繰り返す

ここでは具体的なリスニングの勉強方法をご紹介します。

まずは、MP3（音楽再生）プレーヤーを用意しましょう。少し戻って繰り返し聞き返せる機能がついているものがいいです。自分のレベルに合わせて速度が調整できるよう、**再生速度調整ができる機種がベスト**ですね。

スマホも使えます。再生速度調整や区間リピート機能など、音楽再生アプリがさまざまありますので。ただし、長時間リスニングに使うと電池がかなり減りますので、電池切れにはご注意ください。

もし外で聞くならヘッドフォンがいいでしょう。周りの音がうるさい地下鉄などで使用するのであれば、前述したノイズキャンセリングヘッドフォンがおすすめです。リスニングの環境によってはイヤフォンでも大丈夫です。ランニング中に勉強をしたい方は、防水仕様で耳から外れにくいスポーツ用のものにしてください。

僕のリスニングのトレーニング法は、次の通りです。

1．英文を見ながら音声を聞く

最初から音声も聞き取ることができ、意味も理解できるのが理想ですが、それが難しい場合は、意味を理解するより音声を聞き取るほうを優先しましょう。

そこで、英文と音声を対応させることを意識します。聞き取れなかったところは何度も繰り返して、そこだけ聞きましょう。音声が大体聞き取れたら、次のステップへ。

2．英文を読んで意味がわかるかチェックする

知らない単語は調べて、文の意味がわかる状態にします。TOEICのリスニング教材であれば、そんなにややこしい文は出てきません。中学文法が理解できていれば意味は取れるはずですが、もし意味がわからなければ文法事項のチェックもしましょう。

3．再度音声を聞く

ここまで入念に確認をしてくれば、今度は音声が聞けて、意味もわかるようになっていることでしょう。この状態で繰り返し聞いて、一応の出来上がりとします。

4．数週間後に再び聞く

1．〜3．が済みましたら、次の音声にいきます。ただ、すでに出来上がりとした音声は改めて聞かなくては定着度が下がりますから、何週間後かにまた聞きましょう。音声が聞けるか、意味が取れるかの確認をするわけです。

▶ 通勤時間では場面に応じて、できる限りの勉強をする

ここでは僕が、通勤時間でどのようにリスニングの勉強をしたのかをご紹介します。

1．歩きながら聞き慣れた音声を聞く

家を出る時にヘッドフォンをつけて出発です。すでに繰り返し聞いた、英文も思い出せるような音声を聞くことにしています。駅に着いて電車を待つ間もこれを続けます。

2．電車内で英文を見ながら音声を聞く

初めて聞く音声に取り組むのは、本が開ける電車の中で、としています。立ちながら取り組めなくはないですが、本を見つつプレーヤーを操作するので、少し難しいです。座りながらひざの上に本とプレーヤーを置けたほうが、やり

やすいのは間違いありません。

3．乗り換えで歩く時などもしつこく音声を聞く

電車の中で再生したばかりの音声を移動中に改めて聞くといいでしょう。なるべく集中するように努力するものの、それでも気が散るのは仕方ありません。

集中したい時はぶつぶつと超小声でリピーティングするといいですね。多少怪しまれますが…。

リスニング再生機器や
教材の選び方
&使い方は、
状況に応じて考えよう。

▶ 自分に合ったレベルの教材の英語部分だけを抜き出して聞こう

リスニングの練習に使う音声教材をレベル別に挙げておきます。

難しい音声でまったく聞き取れず、意味もわからない音声は避けて、最初から７～８割は聞き取ることができ、知らない単語はほとんど出てこないレベルの音声がちょうどいいです。

入門レベルの教材としては、ゆっくり読まれている教材がいいでしょう。

- 『DUO 3.0』の基礎用CD（短文／ゆっくり）
- 英語放送VOAの「Special English」などネット上のコンテンツ（長文／簡単な英語／ゆっくり）
  http://learningenglish.voanews.com

上記のレベルが大方聞けるならば、スピードを上げたものに取り組んでみましょう。

慣れてきたら、長い文章を聞いていくのもいいですね。ただ、スピードは下げたほうがいいかもしれません。

- 『DUO 3.0』の復習用CD（短文／通常スピード）
- TOEIC対策用教材のPart 1、2（短文／通常スピード）
- TOEIC対策用教材のPart 3、4（長文／ゆっくり）

最後は問題同様の音声で仕上げていきます。

- TOEIC対策用教材のPart 3、4
- 「NHK WORLD」など、TOEICと同程度のスピードのコンテンツ
  http://www3.nhk.or.jp/nhkworld/english/news

TOEIC対策として最適なリスニング教材は、間違いなく『TOEICテスト 新公式問題集』シリーズと『TOEICテスト 公式プラクティス リスニング編』（国際ビジネスコミュニケーション協会）です。

テスト作成団体のETS自らが問題を作っており、

TOEIC本番と同じナレーターが音声を読み上げています。**この音声を聞き込むと、ナレーターの声に慣れることができるため、本番でも聞きやすくなる**ことは間違いありません。試験直前には特におすすめです。

しかし、『TOEICテスト　新公式問題集』のような模試本の音声データをそのまま使うと、問題形式や回答方法を説明するDirectionsや回答に使うための無音時間など、問題文や設問以外の音声の時間が含まれてしまうので、学習効率がよくありません。

そこで、少し手間はかかりますが、音声データ編集ソフトで要らないところをカットすると、より密度の濃いリスニング教材になります。

ちなみに、僕が使っていた音声データ編集ソフトは「mp3DirectCut」というフリーソフトです。

http://www.softnavi.com/mp3directcut.html

▶ 日本アニメの海外版でストレスを解消する

TOEIC対策用教材以外の教材も、いくつかご紹介しました。ただ、前述した教材は内容的に興味が持ちにくいかもしれません。

そこで「日本映画の英語圏版」をおすすめします。**内容が面白い上に、英文と日本語訳があるもの（＝100%英語）というところがいい**ですね。

英語版が出される日本映画はほとんどがアニメです。これらの日本製アニメは英語音声だけでなく、英語字幕があるため、何を言っているかが目で確認できます。一方で、日本語の音声もあるので、英語字幕を見ながら辞書なしでも大体の意味はわかります。
「アニメであれば繰り返し見ても楽しめる」という方にはうってつけです。もちろん、TOEICの出題傾向とは違うものの、ストレスなく勉強ができるのであれば、これも悪くないやり方だといえます。
　日本語音声に英語字幕を出して、英語表現を確認することから始めましょう。
そして、日本語で話の内容を理解したら、今度は英語音声に英語字幕にして、表現と発音を勉強するといいですね。音声を聞き取るのが厳しければ再生速度を下げてみてください。

教材はTOEICの公式問題集がベスト。リスニング対策としてリーディングパートの音声を利用するのは非効率。

　TOEIC専用以外の教材もご紹介しましたが、**効率性を求めるとやはりTOEIC対策用教材の音声でトレーニングするのが一番**です。出題傾向に合っていることが何よりの強みです。
　なお、TOEICのリーディングパートの問題が音声になっている参考書がありますが、リスニング対策としてはおすすめできません。**リスニングとリーディングでは、出題**

される英文の傾向が異なるからです。**リーディングパートの音声を苦労して聞き取れるようになっても、TOEICのスコアに影響しにくいため非効率**です。

▶ 引っ掛け問題も多いが、パターンは割と決まっている

勉強をより効率的にするためには、試験形式を知る必要があります。各Partの説明とちょっとした回答のコツをお伝えしましょう。

【リスニング全体】

●音声のスピードは遅くもないが、速くもない

通常の会話よりはゆっくりで、政治家の演説や公共施設でのアナウンスくらいの速度です。映画やテレビの英語のように速くはありません。

●アメリカ、イギリス、オーストラリア、カナダの英語が話される

4カ国の英語に差はありますが、極端な訛りではないので、特別な対策は不要です。例えば、実際のオーストラリア英語は、もっと訛りの強い英語を話す印象がありますが、試験でのオーストラリア英語はそこまでではありません。

●対話では話し手がどちらかわかりやすいように、男性と女性が話す設定になっている

同性同士で会話が展開される場合もありますが、稀なケ

ースです。

●回答は選択肢から選ぶため、音声が全部聞き取れる必要はない

例えば、Part 3、4では強く話される単語（＝重要な単語）をしっかり聞き取り、**全体の流れを把握することが大切**です。それができれば、聞けなかったところがあったとしても、文脈から想像することで正解を選べることがあります。

●どのPartも問題が進むにつれて難易度が上がる

初めのうちは比較的簡単な問題が、後のほうは難しい問題が出ます。**最初のほうの簡単な問題を取りこぼさない**ようにしましょう。

●リーディングパートに比べてリスニングパートの単語のほうが易しい

リーディングパートに比べて難しい単語は、リスニングパートではあまり使われません。リスニングパートで出る単語は必ずおさえておきましょう。言い換えれば、難しい単語はリスニングパートではあまり出てこないため、読めれば十分で、聞き取れる必要はないといえます。

【Part 1】

写真を適切に描写した選択肢を4つの中から1つ選ぶ問題です。

動詞と名詞を聞き取り、意味がわかれば大部分は答えられます。そのため、比較的楽なPartといわれていましたが、近年難しい語彙が出題されるようになってきました。

さらに、他のPartよりは少ないものの、引っ掛けがあります。発音の似た単語（playとdisplay、copyとcoffeeなど）の引っ掛けと時制（現在形と現在進行形など）で悩ませる引っ掛けが中心です。

状況的に推測可能なことであったとしても、写真に写っていないものが正解になることはないので、想像力を一切働かせないようにすることが大切です。

【Part 2】

1人の発言が流れ、それに対する適切な返答を、流れてくる3つの選択肢音声から選ぶ問題です。見るものは何もなく、問題も選択肢も音声のみです。

このPartは簡単なものからけっこう難しいものまで難易度に幅があるので、簡単なものを中心に正解できるところを確実に拾えるようにしたいところです。

TOEICの中で唯一選択肢が3つなのがPart 2の特徴です。このため、勘で答えても3分の1は正解できます。ただ、その分、引っ掛けが多いのもPart 2の特徴です。とはいえ、引っ掛けにはパターンがあるため、それらを利用して消去法を活用することが可能になります。引っ掛けのパターンとしては以下の通りです。

・**質問文のキーとなる単語を、そのまま間違いの選択肢に使う**
・**質問文のキーとなる単語と発音の似た単語（例. degree と agree）を、間違いの選択肢に使う**
・**質問文のキーとなる単語から連想される単語（例. package / airmail）を、間違いの選択肢に使う**
・**時制による引っ掛け**

高得点狙いでなければ、質問文と同じ単語や発音の似た単語が含まれている選択肢はそれだけで消去してもいいくらいです。

このような引っ掛けが仕掛けられている場合、**正解の選択肢では質問文のキーとなる単語が類義語に変えられていることが多い**です。このため、類義語が選択肢に出ていれば、それが正解になる可能性は高いといえます。類義語を知っておくことはリスニングパートのスコアアップに直結すると前で申し上げた理由の１つです。

引っ掛けが多いといっても、対策のしやすい Part でもあります。

●音声は短文なので、簡単に集中を続けられる

１人目の発言も３つの選択肢も短文です。そのため、リスニングの練習を始める上でもとっつきやすいでしょう。初心者が勉強しやすい Part だといえます。

●パターン化した問題が出やすい

発言と応答に一定のパターンがあるために、TOEIC対策用教材で練習しておくと比較的効率よくスコアアップできるPartです。Part 5とともに短時間で成果が出やすいPartですので優先的に勉強すべきです。

〈疑問詞の入った疑問文〉

最もといっていいほど重要なのは、**質問文の発言の冒頭をしっかりと聞き取る**ことです。

文頭の疑問詞が意味の決め手になるため、文頭さえ聞ければそれだけで答えられる問題が多いのです。裏を返せば、この疑問詞を聞き逃すとどうにもならないわけです。

文頭の疑問詞が聞こえた瞬間に次のような反応をしたいですね。これらが述べられている選択肢が正解なわけです。

When →時間／ Where →場所
Who →人／ How →やり方

〈否定疑問文・付加疑問文〉

日本人がいつも答え方に間違える疑問文です。日本語の場合と答えが逆になるからです。ただ、難しく考える必要はありません。これらは**ただの疑問文として理解すればいい**のです。

例. Don't you know him?　(彼を知らないのですか？)
　→知っている時にはYes
　→知らない時にはNo

Do you know him? という疑問文でも先と答えは同じになりますので、否定疑問文も単純な疑問文と考えてしまえばOKです。これは付加疑問文でも同じで、Do you know him, don't you? のような文ならば、カンマ以下は取ってDo you know him? という単純な疑問文と理解すればよいのです。

〈選択疑問文〉

orが入った疑問文は**YesやNoで始まる選択肢は不正解として消去**できます。

ここで、Noの話が出たのでお伝えしますと、OKを表す時にNoと答える場合があることを知っておきましょう。Do you mind ～？やDon't you mind ～？で始まる文です。Do you mind ～？を「～したら気になりますか？」という意味としておさえておきましょう。

例. Do you mind if I sit here?
(ここに座ってもいいですか？)
→座ってよければNo
→座ってダメならYes

〈スッキリしない応答〉

Part 2ではしっくりとこない応答が正解になることがよくあります。**しっくりこないものがどのようなものなのか、感覚を身につけておきましょう**。以下で応答の例を挙げます。

質問：Where should we hold the sales conference?
（どこで販売会議を開いたらいいかな？）
正解：We'll need a large space.
（広い場所が必要だろう）

Whereで始まる質問ですので、場所を示す回答がきそうですが、明確な場所を答えていませんね。

また、Do you 〜 で始まる疑問文に対して、答えはYesかNoで始まるだろうと思わせておいて、正解がI don't know.（知らない）というしっくりとこない応答が出てきます。答えの種類を決めつけないことが大切です。

【Part 3】

40秒程度の2人の会話が流れます。その内容に関する質問文の答えを、問題用紙に書かれた4つの選択肢から選びます。

疲れてきて集中力がなくなる頃でもありますし、この後のPart 4とともにTOEICで最も難しいPartとされています。要領だけでは限界があり、ある程度のリスニング力を要求されます。Part 2のようにやればすぐスコアが上がるわけではありません。600点が目標ならPart 3、4を半分捨てて無対策で臨む作戦もアリなほどです。

そもそも全部聞き取ることは、900点以上取った僕でも無理でした。そこで僕が実際にやったことは次のことです。聞き取れないところがそれなりにあっても、これらの作戦である程度は何とかなりました。

●「先読み」によって聞くべきところを集中して聞く

先読みとは、質問文や選択肢を先に読んでおくことで、題材となる英文で聞くべきところをしっかりと聞き取るようにする方法です。設問の先読みができるとぐっと出来がよくなるので、先読みの訓練に時間を費やす余裕がある方はぜひ取り組んでみてください。やり方については後述します。その他の作戦としては、次の通りです。

●強く話される単語をおさえる

●会話の調子に表れる喜怒哀楽の感情も参考にして文脈を取ることで、聞けなかったところを補完する

そして、問題にも難易度があります。最初の問題に多いWho most likely is the woman? やWhat does the man ask about? のような会話全体の内容に関する質問は、文脈だけつかめれば正解を選べます。この種類の問題はリスニングが苦手な方も取りたいところです。

一方、What does the man plan to do tomorrow? やWhat will happen at 7:00 P.M.? のような文中の特定の部分を問う質問は、設問の「先読み」をした上で、答えとなる部分を待ち伏せしないと、正解を選ぶのは難しいでしょう。

正解の選択肢に使われる語句は、本文とは違った同義語や熟語に言い換えられている（例．move → transfer）

ことが多いです。会話では名前で呼ばれている人が、選択肢ではcolleagueのように抽象的な単語に置きかえられることも多いです。

【Part 4】

Part 3と設問形式は同じものの、題材となる英文が異なります。Part 4では公共の場所でのアナウンスや留守番電話、ラジオなど一方的に話される音声が使われます。

一方的な話である分、あまり起承転結がないため、文脈による推理はPart 3よりも通用しやすいかもしれません。

対策もPart 3とほとんど同じです。**設問の先読みはとても効果的**です。基本的に、Part 3、4ともに、あまりにひどい設定や悲しい話は出てきません。そのため、選択肢はポジティブなものを選ぶという作戦はアリかもしれませんね。

Part 4の特徴として、問題が流れる前の導入音声があります。流れてくる話の種類を教えてくれるのです。

例. Questions 71 through 73 refer to the following telephone message.

この場合、次に流れるのはtelephone messageの音声であることを示しています。ここを聞き取れれば、**音声が流れ始めてから話の筋をつかむスピードが上がります**。話の筋がつかめれば、候補の選択肢が狭まるので、正解を選ぶのも楽になりますね。

話の種類としては他にtalk, advertisement, announcement, recorded information, radio broadcastなどさまざまなものがあります。

最後に、Part 3、4の問題回答時の注意点をお伝えします。**問題用紙に書かれた質問文や選択肢を見ながら音声を聞くのは危険**です。音声が流れている間は、全力で音声に集中しないと最大のリスニング力が発揮できませんから。

音声が流れている間は、目をつぶるくらいの勢いで集中して聞いてください。

▶ 1問捨てる覚悟もするほど大事な「設問先読み」の正しいやり方

設問の「先読み」とは、問題の音声が流れる前に、質問文や選択肢を先に読んでおく方法です。

「何が問われているのか」「何を聞き取らねばならないのか」を理解した上で、音声を聞くことができるため、メリハリをつけて音声を聞くことができます。有益なテクニックなので、ぜひ習得することをおすすめします。

例えば、What will happen at 7:00 P.M.? のような一部を細かく問う設問があったとします。もし先読みができていれば、7:00 P.M. が出てくると集中して聞くことができるため、答えがわかったらすぐにマークシートに印をつけられるのです。

　このような特定部分に関する問題は、**ネイティブですら間違えることがあるようです。というのも、音声は聞き取れるにもかかわらず、音声が終わった後の回答時には特定部分の内容を覚えていないから**です。先読みの技術の重要性をおわかりいただけたかと思います。

　設問の先読みを行うタイミングについてお話ししましょう。

　最初の問題はDirectionsの音声が流れている間に読みます。その後は、**前の問題の音声が流れた後の回答用無音時間の間に読む**のです。

　先読みにはリズムが大切です。**問題は迷わずに、音声が終わったらすぐに答えをマーク**しましょう。でなければ、次の問題を先読みする時間をつくることができず、先読みを続けて行うことはできませんから。

　このリズムは**模試本で練習しておかないと、本番でうまくいかない**と思います。**万が一、リズムが崩れてしまったら、1問は捨ててでもリズムを立て直したほうがいい**と思います。それが総合的なスコアアップにつながりますから。

　先読みは、読む速度によって「質問文だけ読む」「選択肢も一部読む」「全部の選択肢まで読む」とバリエーションがあります。試験を受ける前に**模試本を解いてみて、自分が本番のリズムでどれくらいまで読めるのか試しておくといい**でしょう。

リーディングスピードが速いと、先読みでは当然有利になるので、**速読力がリスニングパートのスコアを左右する**と考えることもできます。僕はリーディングがあまり速くないので、質問文の先読みと選択肢を1つ眺める程度しか読めませんが、それでも全然違います。

最後に、**時間が長い Part 1、2 の Direction が流れている時間を活用する**こともおすすめします。その時間で下読みをしておけば、回答時にはもっと速く読めるので先読みがうまくいきやすくなります。

先読みが苦しくなりがちな Part 3、4 中盤あたりにある設問を読んでおくといいでしょう。

設問先読みのやり方

流れてくる音声

Directions	問題文音声	質問	無音	質問	無音	質問	無音	次の問題文音声

普通にやると

休憩	問題文を聞く	質問読んで解答	質問読んで解答	質問読んで解答	問題文を聞く

先読みすると

質問文と選択肢を読む	問題文を聞く	解答	解答	解答	次の問題の質問文と選択肢を読む	問題文を聞く

Chapter 8　【リーディング対策】

速読力がつく
単語力強化と、
試験直前の
Part 5対策が重要

▶ 中級者でも全部
解き終われないほど分量が多い

まずは、リーディングパートについて内容と回答のコツをお伝えします。その後で、具体的な勉強法についてお話ししましょう。

【リーディング全体】

リーディングパートは75分で100問を答えます。すべて4択の問題です。一見、リスニングの45分100問に比べて時間に余裕があるようですが、**たくさん読まないと回答できない問題があるため、たいてい時間の猶予はありません。** 仕事などで実際に使用することを考えると、「これくらいの速度で読めてほしい」ということなのでしょう。

リーディングパートは中級者だと最後まで解ききれないのが普通です。僕が初めてTOEICを受験した時は時間内に最後まで解ききれず、最後の数問は勘で塗りつぶす羽目になりました。時間の猶予がありませんので、**回答のスピードアップが何よりも大事**です。

▶ 試験直前はPart 5を集中強化!
本番ではPart 7に時間を充てよう

【Part 5】

短文の空欄補充問題です。4つの選択肢から1つ選びます。高校・大学入試などでやったことがある形式でしょう。

合計で40問です。このPartで問われる内容はざっくりと以下の通りです。

- **文法問題：約6割**
- **語法問題：約2割**
- **語彙問題：1～2割**

○文法問題

前半で中学レベルの内容も出てきます。後半は高校1～2年生レベルの難しさで、大学入試のようなややこしいものはあまり出ないと考えていいです。

文法問題は、頻出のパターンがあるので、それらを対策本でつぶせば比較的高い確率で正解できます。すぐにスコアに反映されやすく、試験直前に取り組んでも点を上げやすいPartです。

素直な問題もありますが、もちろん中・上級者をふるいにかける、少し細工した問題もあります。

○語法問題

出題範囲がかなり広く、文法問題ほどにはピンポイントで対策が立てられません。しかし、ビジネス文書で頻繁に使われる言い回しがよく問われます。

頻出の文例をおさえることや、**Part 7の練習がてら多くの英文を読んでおくことで、「何となくこの表現は見たことがある／しっくりくる」という感覚が身につきます。**そのため、仕事で英語を使っている方は、語法問題で有利といえます。

○語彙問題

TOEIC 全 Part の中でも一番難しい単語が問われます。

ただ、問題数は多くありませんので、捨てることも戦略の1つです。「難しい単語＝出題の確率が低い単語」といえるため、700 点台など一部捨てても取れるスコアが目標であれば、語彙問題対策に勉強時間を費やさず、無視してもよいでしょう。

試験本番では、**時間さえあれば正解しやすい Part 7 に時間を残すことが、リーディングパートでスコアを上げる秘訣です。そのため、Part 5 の回答スピードを速めることがとても重要**になります。Part 5 が早く終われば、Part 7 のスコアが上がるのです。

Part 5 の 1 問当たりの回答所要時間は 30 秒を目標にするといいでしょう。語彙問題は知らないと答えようがないですし、前置詞を選ぶ問題も知らなければ勘で答えるしかありません。迷って時間を使うのがとてももったいないです。「パッと塗って次にいく」が最も重要になります。

**試験直前に勉強しても
文法問題は
スコアが伸ばせる。
文法・語法問題は
全文読まなくても
いいことも。**

【Part 6】

長文の空欄補充問題になります。1つの文章に対して各3問が出題され、4つの文章が出題されます。問題数は計12問です。

文法や語法の問題と、全体の文意をつかんで適切なものを選ぶ問題と、2つのパターンがあります。割合は以下の通りです。

- **文法／語法問題：12問中8問程度**
- **文脈問題：4問程度**

○文法／語法問題

Part 5の問題と同様、**空欄のある文だけ見れば正答できます。**

○文脈問題

文脈に合う語彙や選択肢を選ばせるもので、少し広い範囲を読まないと答えられません。その点、回答に時間がかかります。

文法／語法問題か文脈問題かは、選択肢を見れば大体見分けがつきますので、時間によっては回答に時間がかかる文脈問題を捨てるという判断もアリです。

【Part 7】

長文を読み、2～5つの設問に対して、選択肢から適切な答えを選ぶというものです。手紙や広告、Eメールなど、さまざまなタイプの文章が出題されます。1つの文章を読んで答える問題もあれば、2つの文章（＝ダブルパッセージ）を読んで答える問題もあります。

このPartでもビジネスに関連したものが目立ちます。ただ、TOEICはビジネスの場での英語力を問う試験ですが、経営の知識が問われたり、専門的な業界用語が問われたりすることはありません。教養を求められる問題もなく、どんな会社でもありそうな、実に事務的なケースなどでの英語が出題されます。

1つの文章に対する設問の中には、前のほうの問題ほど簡単な傾向があります。ほとんど読まなくても答えられるようなサービス問題が出ることもありますので、前半と後半では前半にある文章の問題を優先して答え、貴重な時間を有効に使いましょう。

なお、**後ろにいくほど難易度が上がり、最後のほうは非常に難しいです。**理由はいくつかあります。文章の構造が複雑になるという側面もありますが、大学受験のような難しさはあまりありません。

- **文章中に難しい単語が増えてくる**
- **文章量が増える**
- **2つの文章を読まないと答えられない問題が出てくる**

次に、設問は文章の内容に関わるものです。ただし、後半に進むにつれて、

- **文章内の特定の単語と同義語を選ぶもの**
- **言及されていない or 書かれている内容とズレている選択肢を選ぶ「NOT 問題」**

が混ざってきます。特に、**後者の「NOT 問題」は回答に時間のかかる、厄介な問題**です。

Part 7 は、答えが必ず問題文の中に書かれていますから、基礎ができている方は読む時間さえあれば正解を選べます。

しかし、現実には、時間が足りないという悩みが出てくる Part です。速読力の勝負になりますね。次で速読力をつける話をしましょう。

▶ 遅読の原因は単語力不足にあり。TOEIC用単語本で強化しよう

Chapter 8

リーディングパートでスコアアップをするために必要な勉強は以下の 3 つの力をつけることです。

- **単語**
- **文法／語法**
- **速読**

【単語】

リスニングパートで出てくる単語は、『DUO 3.0』で多くをカバーできます。これに加えて、TOEIC 対策用の単

語本による学習をすればバッチリでしょう。

しかし、リーディングパートで出てくる単語はもう少し難しいです。**700点以上を狙うのであれば、『DUO 3.0』だけでなく、別の教材も使って単語力を強化したい**ところです。

特に、Part 7で知らない単語が多すぎると、どうしても読解速度が下がります。知らない単語が出てきても、多少であれば前後の文脈から類推できることもありますが、いちいち類推していては読む速度が遅くなるのです。回答時間に余裕がありませんので、TOEICでは類推に時間をかけたくないところです。

よく「読むのが遅い」とおっしゃる方がいます。この悩みを抱える方は、暗記した単語が少ないことが原因になっていることが多いです。**知っている単語を増やせば、それだけで読む速度が速くなります。**単語を覚えるのはつまらなくて辛い勉強ですが、避けて通ることはできません。

さらに、Part 5の語法／語彙問題に対応できるところまで単語力を強化しておけば、Part 7ももっと楽になってきます。

『DUO 3.0』の後で使う単語本は、TOEICの出題傾向に合ったものにしましょう。大学入試用の上級者向け、TOEFL用、英検用はTOEICの出題傾向とズレますから。おすすめの単語本は以下の3冊です。

『TOEIC TEST英単語スピードマスター NEW EDITION』
(Jリサーチ出版)

『新TOEIC TEST出る単特急 金のフレーズ』（朝日新聞出版）
『新TOEIC TEST単語 特急2 語彙力倍増編』（朝日新聞出版）

単語の勉強を効率よく行うには、覚えたものには時間を使わず、忘れやすい単語をしつこく覚え直すことが大事。

僕が取り組んだのは次のようなやり方です。「覚える→忘れる→覚える」ということを繰り返していると、気がついたら覚えているものです。

①覚えられなかった単語に印をつける
②印をつけた単語だけ覚える
③また覚えられなかった単語には別の印をつける
④いくつかの印がついた単語をまとめた単語カードを作る
⑤単語カードを一度に10枚ほど見る
⑥覚え切れなかったものは前のほうに、覚えられたものは後ろのほうに分ける
⑦前のほうに集めたものを重点的に取り組む

特に苦手なものは、語呂合わせを考えたり、知り合いの人間と結びつけたりして連想するのもいいでしょう。

また、理屈が得意で丸暗記が苦手な方は『システム英単語Premium（語源編）』（駿台文庫）のように語源が充実した単語本を使って単語を補強するのも効果的です。

ただし、語源型の単語本は、単語のセレクトがTOEIC向けにはなっていません。メインではなくサブとして使いましょう。

単調で辛い単語学習ですが、1分でもスキマ時間があればできる勉強メニューですから、さらっと、その代わり、繰り返して気長にやっていきましょう。

問題文を全部読まなくても答えられる文法問題は多い

次に「文法／語法」について見ていきます。

【文法】

TOEICで出題されやすい文法の知識はPart 5、6対策になります。しかし、高校レベル以上の文法事項は、Part 5、6以外ではほとんど役に立ちません。なぜなら、TOEICでは複雑で難しい文は出てこず、他のPartの文意を理解するには高校1年生までの文法事項でほぼ足りるからです。

とはいえ、TOEICの文法問題は出る項目が限られていて、**それほど時間をかけなくてもスコアアップが狙える**元が取りやすい勉強ですから、ぜひ対策しておきましょう。**試験当日に悪あがきで勉強するメニューとしても文法は適しています。**

文法は基本的にルールを覚えるだけの単純な勉強ではあるのですが、その知識をPart 5、6の回答のスピードアップに役立てる練習も必要です。

回答スピードを上げるためには、問題文を前からすべて読んで意味を取ってから答えることをやめましょう。そして、次のような手順で解くことをすすめます。

Chapter 8

1．選択肢を最初に眺めて、何が問われているかをよく確認する
2．文の中で見るべきところだけをチェックする
3．問題文をすべて読まなくても、また意味を取らなくても回答できる問題はすぐに答えてしまう

単に文法のルールを問う問題であれば、意味のわからない単語があっても気にせず答えることができます。意味が取れたからといって正解率が上がるかというとそんなことはないのです。

Part 5で頻出の品詞を選ぶ問題を例に取りましょう。このタイプの問題は、空欄の前後の形だけを見れば、意味を取らずとも選べることが多いです。空欄の後ろが「動詞や形容詞なら副詞を選ぶ」「名詞なら形容詞を選ぶ」というようにです。

これらの問題を空欄の前後だけを見て5秒で答えることが、Part 5の1問あたりの平均回答時間を25～30秒にするポイントなのです。一方、接続詞を選ぶような問題は、前後の文脈や句か節かを理解しないと答えられないため、30秒で答えるのは難しいです。こういった問題に時間をかけるために、素早く解ける問題は素早く終えて時間を捻出するのです。

参考までに品詞の見分け方をお伝えします。例外はありますが、単語の語尾である程度の見分けはつきます。

- **～ly で終わると副詞**
- **～ful, ～less, ～ible, ～ive, ～ous, ～al, ～ant で終わると形容詞**
- **～ness, ～ans で終わると名詞**

【語法】

これは慣れていくしかありません。ビジネスで使われる、かつTOEICでよく出る言い回しを中心に覚えていきまし

単語力強化は『DUO 3.0』、TOEIC用単語本の順で。文法問題は、意味がわからない単語を無視するのも大事。

ょう。「TOEIC対策用教材で勉強しながら覚えていきましょう」と言うしかないですね。

語法問題は、会社で英語の文書やメールを扱っている方であれば、感覚で正解を選べてしまうのではないかと思います。しかし、会社で英語を使わない方がすぐにその域に達するのは厳しいでしょう。教材で経験を増やしていくことです。

教材はまず、**中学レベルの文法書を軽くおさらいします。その後、解説の充実した『TOEICテスト 究極のゼミ Part 5 & 6』（アルク）か、解説はあっさりではあるものの薄くてすぐに終わる『音声DL付 改訂版 TOEIC TEST 英文法 出るとこだけ！』（アルク）をやれば700点あたりを狙う方なら十分**でしょう。

▶ 語順のおかしい日本語訳に慣れるのが重要

最後に読むスピードを上げることについてです。

速読は時間に余裕がないTOEICにおいてとても重要な力です。リーディングパートはもちろんのこと、リスニングパートのPart 3、4の設問の「先読み」を上手に行うためにも必須です。

速読力がつけば、同じ時間で多くの英文を読むことがで

きるようになるので、勉強の効率までも高めてくれます。

しかし、速読力をすぐに高める方法はありません。900点以上取った僕も、まだまだ遅いです。TOEIC本番で最後までいけたのは、これまで1回だけですから。

読むスピードを速くするためには、まずは単語力強化です。これは単語の項目でもしつこくお話ししました。

単語力強化の次は、返り読みはせずに、**英語を前から順番に読んで意味を理解する「読み下し」の練習が必要**です。日本語と英語では語順が異なるので、それに慣れなくてはなりません。いちいち前に戻って読み返していると、どうしてもスピードは遅くなります。**700点以上を目指すならば、TOEICに出てくるレベルのシンプルな英文は読み下しできないと厳しい**と思ってください。

読み下しを習得するには、受験英語で培った構文通りガチガチに日本語訳するクセを捨てましょう。語順のおかしい変な日本語で大まかな意味を取ることに慣れることが必要なのです。本当は英語のまま意味が取れることが理想的ですが、その域に達することはなかなか難しいです。僕もいまだに、英語のまま意味を取るなんて無理です。

語順のおかしい変な日本語の例としては、テレビなどで同時通訳者が話す日本語です。「妙な言い回しで後から情報が追加されるなど、少し気持ち悪いけど、まあそれでも意味はわかる」くらいの日本語に慣れるのです。

読み下し練習の最初のうちは、比較的細かい単位で意味を取るようにしましょう。そして、文に意味の区切れ目を示すスラッシュを入れながら練習をするといいと思います。スラッシュを入れると同時にそこまでの意味を取り、返り読みはしないように練習していくのです。

最初はゆっくりでしか読めませんが、**読み下しはある程度スピードが速くないと、長めの文の場合に初めのほうを忘れてしまいます。そのため、無理してでも速く読んだほうがやりやすい場合もあります。**

TOEICでは問題用紙に書き込むことが禁止されていますので、最終的にはスラッシュを入れなくても読み下しができるように仕上げましょう。

また、声に出さずとも音声をイメージしながら読むクセがついている人は、音読と同じスピードでしか読むことができません。**音読と黙読を比べたら、必ず音読のほうが遅くなります**から、そのクセも捨てる必要がありますね。

速読の特訓はTOEIC本に加え興味のある英文も併用

読み下し練習の教材としては、**TOEIC対策用教材が、出題傾向や難易度ともにベスト**です。

新聞や雑誌だと、1文が「これでもか」というほど長いものが出てきて、読み下しが難しいことがありますから。こんな文章で読み下しを練習したら、挫折することを保証します。

TOEICはそこまで1文が長いものは出ないので、

TOEICの教材での読み下し練習は比較的やりやすいです。
速読トレーニングにうってつけのTOEIC対策用教材は以下の２冊です。

『１駅１題 新TOEIC TEST読解 特急』（朝日新聞出版）
『新TOEIC TEST読解 特急２ スピード強化編』（朝日新聞出版）

これらは掲載されている英文が本番にそっくりですし、各英文のワード数が記載されているので、時間を計りながら読めば自分の読むスピードの進歩を客観的に見ることができます。

読み下しのトレーニングには注意点があります。意味を理解した文章だと練習効果が下がるということです。理由としては、意味を思い出すことで、スラッシュがなくても理解できてしまうからです。できる限り、**初めて読む内容のわからない英文で練習していくとよい**でしょう。
ただ、そうすると、TOEIC対策用教材だけでは量をかせぐことができません。購入費用がバカになりませんから。加えて、TOEICに出てくる内容は、正直面白いとはいえませんよね。このため、あまりレベルが高くなく、スラングも少なく、ご自身が読みたいと思える文章の多読を、TOEIC対策用教材を使った勉強と同時に行うことをおすすめします。

一番よいのは、あなたの趣味に関することが書かれた英文サイトを読むことです。ニュースでも、スポーツでも、アートでも何でもいいです。Googleなどで検索し、読みたいと思えて、英文のレベルが合ったサイトを探しましょう。

僕はスポーツ関連のニュースのサイトをよく見ています。TOEICには絶対出ない単語や言い回しが出てきてムダな感じもしますが、好きな趣味の情報であればTOEICの英文よりも抜群に読む気がします。勉強に気乗りしない時でもこれであれば取り組めるのではないでしょうか。

サイトを読むのは無料ですし、サイトを見るブラウザによってはポインターを単語に乗せれば日本語の意味が出てくるなど、気が利いた機能が使えます。

Wikipediaの英語版も比較的フォーマルな英語で書かれていますので、ご自身が興味のあることを調べて読むのもよいですね。

▶ 二重否定の肯定化と修飾語無視で時間節約

最後に、読むスピードを上げるためのヒントをご紹介します。

1. 二重否定は両方の否定語を無視する

not, no, hardly, butなどが2つ使われた二重否定は理解しにくいものです。否定したものを否定することで、結果として肯定を表し、単なる肯定文とは違ったニュアンスを表現するために使われています。

とはいえ、TOEICでは細かなニュアンスを理解する必要はなく、意味を読み取ることだけが問われます。そこで、どちらの否定語も無視して、肯定文として理解してしまったほうが早く理解できます。

例えば、直訳すると「〜しない人はいない」となる**二重否定は、否定語を両方とも無視して「みんな〜する」と理解するのです。こちらのほうが早く理解でき、意味を取り違えることが少なくなります。**

2. 修飾語や挿入節は無視する

主語と動詞、目的語さえ読めていれば、おおまかな文意はほとんど取れます。**修飾語や修飾節などを読まずに飛ばしても意味はわかるもの**です。**前後にカンマがある挿入節も、飛ばして読んでも問題がないことが多い**ですね。

飛ばし読みでも文意全体に関わる設問には答えられますし、特定の情報に関わる問題でもどこを読めば答えの根拠があるかはわかるので、あまり心配する必要はありません。

意味のわからない語句が出てきた時はいちいち意味の類推はせずに無視することで、時間節約につながるというメリットもあります。

ただ、hardlyやrarelyなど否定の意味を持つ副詞は無視すると文意が180度変わってしまうので、これらには注意が必要です。

前から訳すことによる
不自然な日本語に
慣れよう。
二重否定と修飾語
を無視するのも
速読につながる。

Chapter 9

【模試本を解く】

予行演習に終わらない模試本の絶大な威力

▶ 模試本で、勉強法の見直しや本番での作戦立案ができる

本番を模して作られた模試本を解くのは、試験を受けるにあたって大事な勉強です。以下のような効果があります。

1．的確な時間配分ができるようになる

TOEIC はリーディングパートで時間不足に悩まされます。「実際にどれくらい時間が足りないのか」を体感するために、模試はうってつけです。そして、その現状を踏まえて、次のことを実践します。

- **現在の実力で、制限時間内で「各 Part、どの程度を回答できるのか」を知る**
- **「どのくらい正答できるのか」を把握する**
- **本番の時に捨てる（＝適当に答える）ところを決める**
- **上記を分析した上で、今後の勉強内容を見直す**

初めて模試を解くと時間がなくて驚くと思いますが、一度その洗礼を受けると、今後の勉強でやるべきことが見えてきます。その洗礼をまったく受けないと、大学入試のように「じっくりと解く」感覚から抜け出せないと思います。かくいう僕も、大学入試のようにじっくりと解くクセが、なかなか抜けませんでした。

TOEICでは、**わからない問題は悩まず勘でマークして、早く次の問題にいくことが非常に重要**になるわけです。そのバランスを見極めて、自分にとって適切な時間配分を知るのです。

TOEIC本番で受験経験を積むことも大切ですが、本番では答え合わせはできず、受験費用も多くかかることが難点です。そのため、模試本は欠かせない教材でしょう。

2. 得意・苦手を把握する

自分の得意不得意も、模試本を解くことでわかります。次のような項目で比較するといいでしょう。

- **リスニングとリーディング**
- **7つのPart**
- **同じPart内（例．Part 5：文法、語法、語彙）**

自分の得意分野と苦手分野を把握することで、**その後の勉強方法を考えたり、今の自分の実力で最高点を出すための戦略を立てたりすることができます。**

Chapter 9

基本は、**苦手Partの易しい問題を確実に取ってスコアを伸ばすほうが、得意Partのハイレベルな問題を取りにいくよりも、ずっと楽**です。これは、易しい問題を取るだけであれば、頻出のパターンに絞って勉強すればよいため、勉強の時間も手間もかからないからです。

ただし、試験直前など短期間の勉強となると、事情は変わります。読解力を問われるものよりも、Part 5の文法知識を試すような問題のほうが正解率を高めやすいです。そのため直前は、暗記すればスコアに直結しやすい文法の対策を優先させましょう。Part 2に頻出のやり取りをおさえておくことも手っ取り早くスコアにつなげられます。

3. どれくらい成長したのかがわかる

勉強をすると、自分ができるようになったかを確認したいですよね。「本当に力がついたのか」「どれくらい力がついたのか」を把握するには模試本の出番です。

たいていの模試本は、正答数から本番でのリスニングとリーディングの予想スコアが出せるようになっています。このスコアをもとに、前に模試を解いた時からの成長度合いを確認できるわけです。スコアが上がっていればモチベーションが高まります。**スコアが同じないし下がっていたら、勉強法を見直す契機になります。**

4. 設問の「先読み」を習得する

リスニングのPart 3、4でおすすめした**設問の「先読み」は、ぶっつけ本番で成功するほど簡単な技ではありません。**本番と同じ時間やリズムで、本番と同じくらいの長さの設問や選択肢を読む練習をする必要があります。

特に、先読みのリズムが崩れ、リスニングの音声に追いつかれた場合の練習もするといいでしょう。1問は捨ててリズムを立て直すなどは、何度か練習しないと身につきません。

本番での時間配分を知る、勉強法を見直す、リスニング&リーディング力をアップさせるなど、模試本には多くの効果がある。

なお、「設問だけ読む」「設問も選択肢も読む」など、先読みのやり方はいくつかありますが、自分の読むスピードでどの程度読めるかを模試の場で確認しておきましょう。そうすることによって、本番ではどの方法で臨むのかを決めておくのです。

5. 復習用教材にする

時間を計って解いた模試本は、何度も復習してしゃぶりつくしましょう。特に、『TOEIC テスト　新公式問題集』のリスニングパートの音声は本番と同じナレーターによるものですから、本番前に聞き込む教材として最適です。

というわけで、模試本はとても使える教材です。本番までに 1 つの模試を 5 回は解いておきたいところです。僕が初めての試験で 885 点を取れたのは、模試本を解いて復習することを、6 回ほど行ったおかげだと思っています。

▶ 収録回数が少ない公式問題集をどのタイミングで解くか?

模試本で絶対に欠かせないものは『TOEIC テスト　新公式問題集』という問題集です。なぜなら、TOEIC の問題を作成するETSという団体自らがTOEICの試験を模して作った本番同様の問題集だからです。**TOEICには残念ながら過去問集がない**ので、この本が本番に最も近い内容のものということになります。

しかし、この本での勉強には弱点があります。**このシリーズがVol.1～Vol.6の6冊（2015年2月現在）しか出ていない**ことです。1冊につき2回分の模試が掲載されていますので、12回分の模試しかないのです。

これに加えて、

- **1冊3000円近くと高い**
- **大きくて重いため電車内での復習が厳しい**
- **発行時期が古いVol.1～Vol.3は、難化傾向にある本番に比べて簡単**
- **音声トラックが大まかにしか分かれていないため復習しづらい**

といった問題点があります。

この公式問題集以外にも、各出版社からさまざまな模試本が発行されています。本によっては、安価で軽量、作りや解説が親切などメリットはあります。状況に合わせてこういった模試本を併用するといいでしょう。

とはいえ、非公式の模試本は、難易度が本番より少し高い傾向があります。そのため、復習し甲斐はあるものの、間違った時間配分が身についてしまう危険性があることを念頭に置いてください。

そうすると、本番を想定した場合に最適な教材である『TOEIC テスト　新公式問題集』を「どのタイミングで時間を計って解くのか」はかなり悩ましいことだといえます。

発行時期が新しい Vol.4 以降の３冊を解くチャンスは全部で６回しかないですし、今後も何度か TOEIC を受けるつもりであれば、１回目の本番までに全部を解いてしまったら、２回目以降の受験までの対策に困ってしまいます。

最低でも2冊の模試本を用意し、5回は時間を計って解くべし

そこで、僕の考える取り組み方をご紹介しましょう。**最低でも以下の２冊はご用意ください。**

- **『TOEIC テスト　新公式問題集』最新版１冊**
- **非公式の模試本（３回分の模試が収録されているもの）１冊**

初受験後も何回か TOEIC を受ける予定であれば、最初の受験までにはこれだけでいいです。

１回か２回の受験で勝負をつけたいのであれば、『TOEIC テスト　新公式問題集』をさらに１～２冊は解いて復習してから受験しましょう。

では、具体的な取り組み方です。

【1回目】受験を思い立ったら、なるべく早く

早めにTOEICの時間不足の洗礼を体感しましょう。また、勉強開始時点での予想スコアを把握し、その結果を勉強メニューの選定に役立てるべきです。1回目が、この後の勉強をしたことによる伸び具合を計るためのベンチマークになります。

これは、「時間不足の洗礼を受けること」と「予想スコアの把握」が主な目的ですので、非公式の模試本でいいです。

なお、**模試本はすべて、この後の復習教材になりますので、解き終わった後は丁寧に復習を行うことが大切**です。

【2回目】『DUO 3.0』の勉強が終わった時点

Chapter 6でご紹介した『DUO 3.0』をやり込めば、Part 1、2の前半はある程度対応でき、Part 3、4の前半も少しは正解できるようになったことが体感できるでしょう。

一方、リーディングはPart 7の前半までしか解けないかもしれません。しかし、このタイミングでは普通のことなので、気にしないでくださいね。

ここで『TOEICテスト　新公式問題集』の1回分を投入しましょう。前述したように、ナレーターが本番と同じですので、リスニングの教材として、聞き込むようにしてください。

【3回目】『DUO 3.0』以上の単語力がついて、リスニングの勉強を終えた時点

リスニングの対応力が上がっていることを実感し、Part 7もかなり解けるようになったことを体験することが目的です。

ここで使うのは、非公式の模試本で構いません。

【4回目】Part 3、4の設問の「先読み」とPart 5の学習を終えた時点

設問の「先読み」の実戦と、Part 5の正しい時間配分を体に染み込ませるのが主な目的となります。仮にうまくいかなかったとしても、心配しなくていいです。

ここも非公式の模試本で構いません。

この時期の復習としては、今まで使った模試本のPart 5を徹底的にやりましょう。文法問題は正答できるだけでなく、その選択肢が正解になる理由を理解できるまで取り組むことです。

Chapter 9

【5回目】本番の1～2週間前

総仕上げとしての1回です。本当はTOEIC前日に取り組みたいところですが、解いた模試を復習する時間が十分に取れなくなるので、1～2週間前に最終チェックを行います。

ここでは、時間配分を極力本番に合わせるために

『TOEIC テスト　新公式問題集』の２回目を投入してください。
　本番までは、ここで解いた模試に絞ってしつこく復習します。

　以上が『新公式問題集』を組み込んだ模試本の使い方です。
　上記のパターンであれば、『TOEIC テスト　新公式問題集』の最新バージョン（2015年２月現在であればVol.6）と、非公式の模試本としては、解説が充実して復習がしやすい『TOEIC テスト　究極の模試600問』（アルク）がおすすめです。
　これらにプラスするならば、『TOEIC テスト　新公式問題集』で２番目に新しいバージョン（2015年２月現在であればVol.5）と、冊子や音声トラックの作りが親切で問題の傾向も素晴らしい『TOEIC テスト　超リアル模試600問』（コスモピア）がおすすめです。

集中できる場所で時間を正確に計るのが大事

　ここで、模試本を解く際の注意点をお伝えします。

●時間を計る
●集中できる場所で行う

　これができないと予想スコアが当てになりませんから。

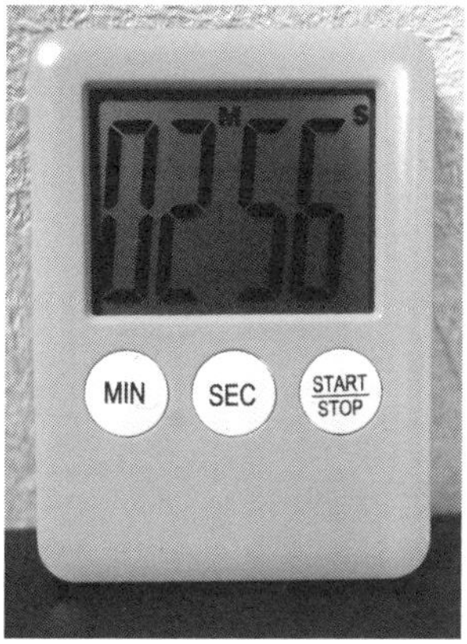

時間を計るにはキッチンタイマーが便利です。たいていのキッチンタイマーは90分までしか計れないので、75分にセットしておき、リスニングの音声が終わったところでタイマーをスタートさせましょう。

解いている途中の疲労感や集中力の途切れ加減も体験したいことから、2時間通しで解くことが望ましいです。ただ、もしそれができない環境でしたら、リスニング45分とリーディング75分とで分割してもいいでしょう。

僕の場合、家には子供がいるため、時間を計って模試本を解く時だけは、図書館などに行くこともありました。

カフェやファミレスでも、模試を解けないことはありません。しかし、隣の席にうるさい団体が座る可能性はありますので、できることなら避けたほうがいいでしょう。模試を家の外で取り組むなら図書館かネットカフェの個室がいいですね。

Chapter 10 【目標スコア別の学習プラン】

目標スコアによって作戦は大きく変わる

▶ 捨てる問題を決めれば スコアも勉強の効率も上がる

TOEICは幅広い層の英語力を測る狙いで作られているので、簡単な問題からそれなりに難しい問題までが含まれています。

難易度という観点でテストを分析すると、**860点以上の高いスコアを狙うのでなければ、確実に取りにいく問題と捨てる問題をあらかじめ決めたほうがハイスコアを狙いやすい**です。正答する確率の高いPartや問題に集中して時間を使うことによって、回答時間を有効に使うことができるからです。**初・中級者が無理に全問正解を狙いにいくと、虻蜂取らずとなってしまうリスクがある**のです。

加えて、**試験で捨てるところをつくったならば、その分の勉強メニューも捨てられますから、勉強の時間効率がさらに高くなります。**

捨ててしまったPartは何も0点になるわけではありません。TOEICは4択or 3択の選択式ですから、確率論で考えれば、勘で塗りさえすれば2～3割は正答できます。

例えば、600点狙いならば、全200問中60問くらい間違えることができます。4択問題を80問捨てて適当にマークしても20問は当たるでしょうから、残りの120問が全部正解ならば、80問捨てても600点が取れるはずです。実際は120問すべて正解するのは不可能に近いので、約

150問正解を狙ってしっかり解く必要があるでしょう。それであれば50問くらいなら捨てられるということです。

ちなみに、TOEICは易しい問題も難しい問題も正解すれば同じ1問としてカウントされるため、**出るか出ないかわからないところを手広く勉強するよりも、まずは頻出のパターンからおさえていく勉強をして、易しい問題から確実に正答を狙うほうが効率的**です。

どこを重視して、どこを捨てるかを決める上で考慮する要素は3つあります。

- **問題の特性**
- **現時点の得意不得意**
- **自分の向き不向き**

〈問題の特性〉

取り組んだ分だけ確実にスコアが上がるPartがPart 1、2、5の短文Partです。一方、**ある程度時間をかけてやらないと伸びないのがPart 3、4、7の長文Part**です。

Part 1、2、5は初心者でも取り組めば取り組んだだけ、スコアは上がりますから、これらのPartを先行してやりましょう。特に、受験まで時間がない場合や直前期はこれらの短文Partを優先したほうがスコアアップにつながるでしょう。

これらに比べ、Part 3、4は、設問の先読みができるようになったとしても、そもそもある程度のリスニング力が必要になりますし、先読み自体も練習が必要です。

Part 7は読み下しによるリーディングのスピードアップが必要で、これもある程度の練習が必要です。

〈現時点の得意不得意〉

各Partの中でも、簡単な問題から難しい問題までさまざまな難易度の問題が混ざっているにもかかわらず、配点は同じです。

これを考慮すると、不得意なPartは比較的簡単な問題が解けていないと考えられます。まずは、ここをつぶしたほうが効率よくスコアが上がるという考えです。ただし、Partごとに難易度は違うので、単純に正答率が低いPartをつぶそうという話ではありません。

Part 1は7割取れるのに、Part 4は6割しか取れないから、Part 4が苦手とはいえませんね。730点くらいのスコアの場合、Part 1は9割、Part 2が8割強、Part 3、4は7割強、Part 5、6は8割、Part 7が7割強くらいの正答率が普通でしょう。この数字と自分の出来を見比べて、不得意なところを探してください。

〈自分の向き不向き〉

一般的な傾向ですが、男性には「文法が得意な人」が、女性には「リスニングが得意な人」が多いようです。

初心者や試験までに時間がない時はPart 1、2、5の短文Partをまず重視というのは鉄則ですが、**「Part 2とPart 5のどちらを重視するか」「Part 3、4とPart 7のどちらを重視するか」は〈得意不得意〉と〈向き不向き〉**

のバランスを取って優先順位を決めましょう。

自分が「向いていると思うものの、まだあまり勉強していないので今のところ不得意」なところがあれば、そこが一番伸びしろが大きいでしょう。勉強のストレスも少ないでしょうから、そういうPartを優先してやるべきです。

では、ここからは目標スコア別に、正答数目標とモデル学習プランを設定します。もちろん、人により得意不得意があるので一概にはいえませんが。**スコアによっては、捨ててもいいところは案外ある**のでご参考にしてください。「文法が得意な人」と「リスニングが得意な人」別にモデルプランを作りましたが、あくまでも一例です。模試本で試しながら、自分に合った捨てる問題を細かく決めたほうがいいでしょう。

〈600点目標〉
得意・苦手を知って勉強範囲を絞り込む

600点は受験者平均より少し上のスコアなので、目標にしている方が多いでしょうか。600点であれば、いくらか捨ててしまっても取れますので、勉強するところを絞って取り組むのが効率的です。

【文法が得意な人】

目標正解数の目安

- リスニング67問正解で270点
- リーディング74問正解で340点

正解を狙うところ

- Part 1
- Part 2 前半
- Part 5 語彙問題以外
- Part 6 文法問題
- Part 7 前半（172 問目まで）

単語が聞ければある程度正解できる Part 1 は確保し、質問文の文頭の疑問詞の聞き分けに集中すれば正解しやすい Part 2 を極力確保したいところです。

頻出パターンが存在する Part 5、6 の文法問題は対策を立てておけば、けっこう正解が狙えます。 Part 7 は簡単な問題が多い前半部分の問題を正解できるようにします。

半分捨てるところ

- Part 2 後半
- Part 3
- Part 4
- Part 5 語彙問題
- Part 6 文脈把握問題
- Part 7 後半（173 問目以降）

ある程度のリスニング力が要求される Part 3、4 は勘で勝負と割り切りましょう。英語力より想像力を生かして、全体の文脈を問う問題が取れれば十分です。設問の先読みは、3 問中で 1 、2 問を読めれば上出来と考えましょう。

リスニングで30問以上を間違えても大丈夫ですから。

Part 5の語彙問題は難しいため、これも勘で解いて先に進むようにすることです。文法問題も「選択肢に並ぶ動詞が自動詞か他動詞か判別できなければ勘」というようにゆるさを持って臨むといいと思います。

Part 7では、後半まではいけなくても構いません。比較的易しい172問目くらいまでをしっかりと正解できればいいですから。後半では、言及されていない選択肢を選ばせる問題（＝NOT問題）が出ますが、これは解くのに時間がかなりかかりますから、出てきた瞬間に適当にマークをしてもいい種類の問題です。この問題で正解を狙うために費す時間を他の問題に回したほうが賢明でしょう。

【リスニングが得意な人】

目標正解数の目安

- リスニング75問正解で340点
- リーディング64問正解で270点

正解を狙うところ

- Part 1
- Part 2前半
- Part 3
- Part 4
- Part 7の前半（172問目まで）

Part 1を落とさず、Part 2は3択である分、なるべく

Chapter 10

多くの正解を狙いたいところ。Part 3、4も全体の文脈を問う問題は確実に正解しましょう。設問の先読みは、**リスニングが得意な人でも、3問中、2つできれば十分**です。

リーディングの時間は、Part 7の172問目までは全力投球。なるべく多く答えられるように頑張るも、30問以上残しても目標正答数には届くはずです。

<u>半分捨てるところ</u>

- Part 2後半
- Part 5
- Part 6
- Part 7後半（173問目以降）

Part 5、6では、**文法の勉強を避けても何とか正解できる問題もあるので、迷わずに勘を信じてマークしましょう。**

Part 5の前半は、正解できるようにしたいところです。ただし、事前の模試でPart 5の正答率があまりにも低いのであれば、Part 5に時間をかけるよりも先にさっさと進んで、時間さえあれば正解しやすいPart 7を優先してはいかがでしょうか。

このレベルでのおすすめ本は以下の通りです。

○総合対策

『TOEICテスト いきなり600点!』（アルク）

『新TOEIC TEST入門特急 とれる600点』（朝日新聞出版）

試験形式や傾向、各Partのテクニックを学んでおくことをおすすめします。前者はテクニックはもちろん練習問題が多く、後者はテクニックを詳しく説明してくれているものです。

これらに加えて、以下のものが必要なのは今までお伝えしてきた通りです。

・中学レベルの英語本２冊（文法、単語）
・『DUO 3.0』（アイシーピー）
・模試本２冊（公式・非公式）

場合によっては、『TOEICテスト　究極のゼミPart 2 & 1』（アルク）のようなPart 2本か『1駅1題 新TOEIC TEST文法 特急』（朝日新聞出版）のようなPart 5本があってもいいかもしれません。

▶ 〈730点目標〉173〜180問目は後回しに

このレベルでは捨てるところはあまりつくれません。しかし、**ここまできてもリーディングパートを全部解ききれないのが普通**です。そのため、「捨てる」とまではいいませんが、Part 7後半でのスコアを高めることに時間を費やすのは非効率でしょう。

【文法が得意な人】

目標正解数の目安

- リスニング78問正解で350点
- リーディング84問正解で390点

正解を狙うところ

- Part 1
- Part 2
- Part 3の全体の文意を取る問題
- Part 4の全体の文意を取る問題
- Part 5の語彙問題以外
- Part 6
- Part 7の173～180問目以外

短文であるPart 1、2は落とせるところが多くありません。Part 2は文頭の疑問詞や選択疑問文の聞き取りをしっかりとできるようにしておき、Part 2で頻出の慣用表現も増やしていきましょう。

Part 3、4では、設問の先読みをできれば、3問中1、2個ある全体の文意を取る問題で正解が狙えます。話の流れを追うことに集中しましょう。

対策を立てておけば確実に取れるPart 5、6の文法問題は正解できるだけでなく、**平均1問30秒ペースで回答できるスピードを養成しておく必要があります。**

リーディングパートで残った時間は、Part 7の中でも簡単めの問題が多い前半の問題を取り組んで、正解数を多くしたいところです。

半分捨てるところ

- Part 3の特定事項に答える問題
- Part 4の特定事項に答える問題
- Part 5の語彙問題
- Part 7の173～180問目

Part 3、4では、全体の文意を取る問題は正解を狙いたいものの、個別の事項を問う問題は「聞き取れればラッキー」くらいの考え方がいいでしょう。

Part 5の語彙・語法問題は「知っていたらラッキー」「知らなくて当然」くらいの心構えで臨んで、回答のスピードを大事にしましょう。一方、文法問題は全部正解を目指します。

Part 7では、1つの文書を読んで答える問題（シングルパッセージ）の中でも173～180問目が難しいです。そのため、ここを飛ばして、**181問目以降の2つの文書を読んで答える問題（ダブルパッセージ）で正解を狙ったほうがいい**でしょう。もし200問目まで解いて時間が余っていたら、173問目に戻るという戦略です。

Chapter 10

【リスニングが得意な人】

目標正解数の目安

- リスニング87問正解で400点
- リーディング74問正解で340点

正解を狙うところ

- Part 1
- Part 2
- Part 3
- Part 4
- Part 5 の文法問題
- Part 7 の 173 ～ 180 問目以外

リスニングは、全問正解を狙うくらいの気持ちで臨むことです。Part 1、2 で落としてもいいところはありません。

Part 3、4 での設問の先読みは、全問できるようにしておく必要があります。自分なりのテンポを習得しておきましょう。

Part 5 は文法問題においては全部正解を目指したいですね。苦手なルールや知らないルールはなくしておくことが必須です。

Part 7 は 172 問目までは解ききって正解までたどり着く力をつけておきましょう。

半分捨てるところ

- Part 5 の語彙・語法問題
- Part 6
- Part 7 の 173 ～ 180 問目

いくら文法は苦手とはいえ、**Part 5 の頻出事項は勉強しておかないと 730 点には届きません。**文法問題は解けるようにしておきましょう。ただし、語彙・語法問題は多少落としても仕方ないです。

Part 7は173～180問目のシングルパッセージを最後に回し、181問目以降のダブルパッセージの中で正解しやすいものを狙って解きましょう。

このレベルでおすすめの教材としては、

○総合対策
『新TOEIC TEST正解特急 ルール55』(朝日新聞出版)
『はじめての新TOEICテスト 完全攻略バイブル』(PHP研究所)

○ Part別
『TOEICテスト究極のゼミ』シリーズ(アルク)
『1駅1題 新TOEIC TEST文法 特急』(朝日新聞出版)

前者は丁寧な解説でわかりやすくできているので、特に苦手Partの学習用におすすめできます。こういったPart 5本を2冊ほど何度か取り組むといいでしょう。

Part 5、6の文法問題は狙い目。860点以上が目標でなければ173～180問目は後回しにする。

○単語
『TOEIC TEST 英単語スピードマスター NEW EDITION』(Jリサーチ出版)
『新TOEIC TEST出る単特急 金のフレーズ』(朝日新聞出版)
『新TOEIC TEST単語 特急2 語彙力倍増編』(朝日新聞出版)

このレベルだと『DUO 3.0』だけでは不足ですから、出題傾向に合うTOEICに特化した1冊を導入しましょう。

〈860点目標〉捨てるところはもはや存在しない…

リスニングが苦手だろうと、文法が苦手だろうと、**860点以上を狙うなら捨てられるところなどない**と考えてください。

Part 2やPart 5は1年に1度出るか出ないかの問題も正解し、ヤマを張るのが難しい語彙・語法問題もそんなに落とせません。このため、「こんなの出るのかな?」と思うところも広く勉強しておく必要があります。そうしなければ、スコアアップがなかなか見込めないでしょう。

一方で、ある程度英語を聞けて読めるようになっていれば、英語に対する慣れの意識は高いため、英語を娯楽と考えることもできるようになってくるはずです。

【文法が得意な人】

目標正答数の目安

- リスニング88問正解で420点
- リーディング94問正解で450点

【リスニングが得意な人】

目標正答数の目安

- リスニング94問正解で450点
- リーディング88問正解で420点

実際はもう少し間違えても大丈夫かもしれませんが、念のためこれくらいを目標にしておきましょう。

頻出領域だけでなく、扱う範囲が広い本を利用しましょう。おすすめは、通称「イクフン本」「黒本」です。前者は、著者名がイ・イクフンという韓国の先生で、後者は表紙が黒色であることから、このように呼ばれています。

イクフン本としては『極めろ！リスニング解答力 TOEIC TEST』『極めろ！リーディング解答力 TOEIC TEST』シリーズ（スリーエーネットワーク）などがあります。問題量が多く、解くのは大変ですが、広い範囲を勉強するのにいい教材です。

このシリーズの問題集として存在するのが黒本です。『解きまくれ！』シリーズ（スリーエーネットワーク）というもので、こちらも問題量は多いです。

もっと問題が解きたいという方は、『メガ模試TOEIC TEST』シリーズ（スリーエーネットワーク）や『メガドリルTOEIC TEST』シリーズ（スリーエーネットワーク）

などはいかがでしょうか。

参考書の選択例(レベルアップに伴って買い足す)

中学英語のおさらい
『例文で覚える中学英単語・熟語 1800』(学習研究社)
『CD 付き トコトンていねいな英文法レッスン』(ナツメ社)

600 点目標で受験
『TOEIC テスト いきなり 600 点!』(アルク)
『TOEIC テスト 新公式問題集 Vol.6』(国際ビジネスコミュニケーション協会)
『TOEIC テスト 究極の模試 600 問』(アルク)
『1 駅 1 題 新 TOEIC TEST 文法 特急』(朝日新聞出版)
『DUO 3.0』(アイシーピー)

730 点目標で受験
『新 TOEIC TEST 正解特急 ルール 55』(朝日新聞出版)
『新 TOEIC TEST 文法 特急 2 急所アタック編』(同上)
『TOEIC テスト 新公式問題集 Vol.4 / Vol.5』(国際ビジネスコミュニケーション協会)
『TOEIC テスト 公式プラクティス リスニング編』(同上)
『TOEIC テスト 究極のゼミ』シリーズ (アルク)
『TOEIC TEST 英単語スピードマスター NEW EDITION』(J リサーチ出版)

860 点目標で受験

『極めろ！』シリーズ（スリーエーネットワーク）
『解きまくれ！』シリーズ（同上）
『メガドリル TOEIC TEST』シリーズ（同上）
『メガ模試 TOEIC TEST』シリーズ（同上）
『TOEIC テスト 超リアル模試 600 問』（コスモピア）
『新 TOEIC TEST 900 点特急 パート 5&6』（朝日新聞出版）
『新 TOEIC TEST 読解 特急 3 上級編』（同上）

スマホアプリで TOEIC対策

皆さんはスマホを普段使用されていますか？　現在、スマホ向けのアプリは勉強ツールとして大変便利で効果的なものが多いです。種類もさまざまありますから、本だけでなくアプリを使って効率よく勉強することが可能です。

アプリでの勉強のいいところはいくつかあります。

- **お手軽**
- **効率的な復習ができる**
- **文字と音声が同期できる**
- **やる気が出やすい**

1つずつ詳しく見ていきましょう。

●お手軽

持ち運びが楽です。スマホ以外に何も持ち歩かなくていいですから。取り出すのも本より楽です。また、**立ったままでも問題なく勉強できる**ところもいいですね。

広告が邪魔に感じられるものも多いですが、その分無料のアプリもいろいろとあります。有料のものも総じて本より安価ですので、コスト面でもお手軽といえます。

●効率的な復習ができる

すでに知っていることや正解できる問題を何度も勉強することはあまり意味がなく、時間のムダともいえます。そのため、学習効率を高めるには、知らないことや正解できない問題だけを集中的に勉強することが大切です。

そこで役立つのがスマホのアプリです。多くのアプリは、**間違った問題だけを効率よく復習する機能や、忘れたであろう頃に再び出題するスケジュール機能がついています。これを利用すれば、復習が非常に効率的になりますね**。

●文字と音声が同期できる

リスニングの勉強をする際、文章を見ながら音声を聞いて「この単語はこういう音になる」「この文章はこう聞こえる」という対応関係をおさえていくことが必要になります。

本で勉強する場合、聞こえる音に合わせて文字を追っていくことになります。よく聞き取れなかった時には音を戻して聞くことになりますが、本を開きながら音楽プレーヤーを操作するのは困難な場合がありますね。

しかし、スマホの場合、**音声を再生することも文字を表示することも一画面で操作できるため、リスニングの学習が非常にスムーズ**になります。戻して聞くことが簡単になりますね。

●やる気が出やすい

アプリによっては、ゲーム的要素や他人と競えるソーシャルな要素を備えています。**ゲーム的要素が高ければ、本で勉強をするよりも取り組む時のモチベーションが高まります**し、他人と競うことで「もっとやろう」とやる気が出やすくなることでしょう。

また、**自分の学習履歴を確認できる機能もあります**。日々の学習を続けやすくなるような工夫がされていることが多いですね。

スマホのアプリにはさまざまな長所があり、僕が推奨しているスキマ時間の活用にうまく使えます。しかし、難点もあります。

TOEICが勉強できるアプリは多くあるのですが、**数が多すぎて玉石混淆《ぎょくせきこんこう》の状態です。無料アプリにはあまりよくないものも多いと感じています。**選ぶのが難しいのです。

また、購入前に中身を確認することができないのも難点です。参考にできるのは他の利用者のレビューでしょうか。ただ、それも当てにならない場合もありますね。買って使ってみなければわかりません。

そこで、僕がいろいろなアプリを実際に使って実験台となりました。すべてを試したわけではありませんが、2015年2月時点で「これは使える」と思うものをご紹介しておきます。「単語系」「リスニング系」「リーディング系」に分けて、ジャンルごとにご紹介します。

○単語系

単語学習は覚えられない単語だけを何度も勉強して覚えていくことが必要になりますが、これは**アプリの「間違えた問題だけを復習する」機能や「自動復習スケジュール」機能と相性がいい**です。**2〜3分のスキマ時間にできるという点でも、アプリとの相性がいい**といえるでしょう。

- **「究極英単語」**
  http://www.easyrote.jp/easyword.html
- **「究極英単語！ TOEIC 800点突破編」**
  http://www.easyrote.jp/toeic800.html

iPhoneで代表的な英単語アプリです。
「究極英単語」は、こども英語からビジネス、旅行、英検、そしてTOEICなど、目的とレベルに合わせて学習内容を選ぶことができます。
「究極英単語！ TOEIC 800点突破編」はTOEIC的な単語にフォーカスしています。

両アプリのシステムは同じ

もので、収録単語が異なるだけです。どちらも無料なのが嬉しいです。ただし、「究極英単語」については機能制限があり、追加料金で全機能制限なく利用できるようになっています。

問題の形式がクイズ式、選択式、リスニングなど選ぶことができ、自分の苦手な単語をリスト化することも可能です。学習履歴に応じて、間違ったものを出題したり、忘れた頃に出題したりする機能のあるアプリで、効率的に復習が可能です。

音声はすべてについています。学習内容の音声を流しっぱなしにする機能がついていて、歩いたり、ランニングしたりしながら、聞き流して耳から学習できるところも便利ですね。

オンライン上でIDを作り、サーバ上に学習履歴を保存するアプリなので、機種変更しても学習履歴に影響しないところがいいと思います。

ただし、iPhone版やWindows版はありますが、Android版は現在開発中（2015年2月現在）ですので、リリースが望まれます。

・「さくさく英単語」

http://zeroapp.jp/ja/

収録単語が4600語と多く、さらにTOEICを意識して単語が選定されています。レベルが分けられており、対応範囲は400～900点クラスまでと広いです。例文もついており、単語にも例文にも音声がついているため、リスニングの練習にも十分利用できます。

出題形式は基本的にはフラッシュカード式で、「知っている／知らない／怪しい」を自分でチェックする形です。

このチェック内容をもとに、苦手な単語を高頻度で出してきたり、忘れた頃に再出題したりする機能がついています。

これとは別にテストのメニューがあります。4択問題を答えていく形式ですので、複数の形で復習できるのは便利ですね。

テストを受けることにより、TOEICの推定スコアを出してくれますが、当然本番とは異なる形式ですから参考程度にしておいてくださいね。

テストの成績によってメダルをもらうことができたり、称号をもらったりというゲーム的な要素も持っています。無料だと制限がありますが、ゲーム感覚で楽しんで勉強できるでしょう。

また、Facebookと連携することができ、友人の学習状況やメダルを共有することもできます。

このアプリはiPhone版もAndroid版もあります。

・「エクタン　～エクストリーム英単語～」

http://www.objectfanatics.com/ekutan.html

高校入試～英字新聞レベルまで幅広い難易度の単語を集めたアプリです。中にはTOEIC 730点レベルの単語集もあり、このレベルまでは対応可能と思います。英字新聞の単語は英検向きな印象を受けましたので、900点を狙うために使うには効率が悪いといえるでしょう。

例文がついてないのが惜しいところですね。

出題形式としては、フラッシュカード式で、その後4択テストを使って定着を狙うようになっています。全問正解しないと次には進めない、という厳しい設定ですが、その分繰り返し触れることになるため、苦手な単語も覚えられるのではないでしょうか。

テスト結果をもとに苦手な単語を高頻度で出題したり、忘れた頃に再出題したりする機能がついています。復習に便利でしょう。

他の学習者と交流するソーシャル機能があり、ユーザー間のランキングも見られるようになっています。ランキングの上位者を目標にしてやり込むと、ますます単語が定着していくでしょう。

残念ながら、このアプリはAndroid版しかありません。

- **「キクタン TOEIC Test Score 600」**
- **「キクタン TOEIC Test Score 800」**
- **「キクタン TOEIC Test Score 990」**
- **「キクタン【Basic】4000」**
- **「キクタン【Advanced】6000」**
- **「キクタン【Super】12000」**

http://www.alc.co.jp/brand/kikutan_app/

アルクの単語本『キクタン』のアプリ版です。

フラッシュカード式の出題で、単語を「知っている／知らない」に振り分けます。そして、知らない単語だけを学習し、仕上げに3択のテストを行います。忘れた頃を見計らって再出題してくれる機能もついています。また、文字を出さずに音声だけで、「知っている／知らない」をチェックすることもできます。学習方法の設定がさまざまあるため、自分に合った使い方が簡単に見つかるはずです。

本と同様、例文があります。音声もついています。また、単語をチャンツというリズムで覚えたり、クロスワードパズルを解いたりもできるため、飽きずに取り組めるのではないでしょうか。本のコンセプトである「聞いて覚える」スタイルがアプリにも取り込まれているため、動きながら音声を聞き流す勉強にもいいでしょう。

通常版は有料ですが、無料のトライアル版もありますので、こちらで実力診断してから自分に向いたものを買うといいと思います。

残念ながらこちらはiPhone版のみになります。

・「えいぽんたん！」

http://eipontan.smacolo.jp/

英単語を勉強するソーシャルゲームです。ゲームとはいえ甘く見てはいけません。扱われている単語は、先ほどご紹介した「キクタン TOEIC Test Score 600」「同800」「同990」のものです。そのため、中身自体はしっかりしており、TOEICに出題される単語ばかりです。また、単語も例文も有料オプション（月400円）で音声をつけることができ、充実した内容になっています。

ゲームとしては、学校の先生になるという設定で、生徒を集め、彼らに勉強させて育てるという内容です。生徒はおやつがないと勉強しないため、このおやつやアイテムを手に入れるために、英単語の4択問題や空所補充問題、スペルを問う問題などを解く必要があるのです。

また、実力診断が40ほど細かく刻まれているため、自分のレベルの変動がよくわかります。しょっちゅう上下する分、ゲーム性を楽しめるでしょう。僕は上から9つ目のスタートでしたが、現在は5つ目まで上がりました。

また、復習をする機能や単語リストを作成する機能もあります。

他のユーザーとコミュニケーションを取る機能もありますから、うまく競い合いながらモチベーションを保ちたいところです。僕もいまだに取り組んでいますので、もしよろしければお友だちになってください。

これはiPhone版もAndroid版もあります。

ここに挙げたものはどれもいいアプリですが、『DUO 3.0』の代わりになるかというとそこまでではありません。**『DUO 3.0』に取り組みながら、補助的にこれらのアプリも使うことで、学習効果や定着率を高めるという使い方をおすすめします。**

○リスニング系

リスニングパート対策として作られたものと、リスニング／リーディング総合対策として作られたものがあります。問題集として使うことが想定されますが、単語系のアプリほどはいいものがないような気がします。

・TOEIC テスト リスニング 360 問

(URL は長いので割愛。各検索エンジンで検索してください)

問題集形式として唯一おすすめできるものです。Part 1、2 形式の問題が 360 問収録されています。選択肢に本番に出るような引っ掛けも出てきて、問題がしっかりしている印象です。

最近間違えた問題や一度でも間違えた問題だけを復習する機能などを活用すれば、効率的な勉強をすることができます。英文と日本語訳がついていますので、間違えた場所のチェックも簡単です。うまく聞き取れなかった音声はワンタップで繰り返し再生ができるので、気が済むまで聞くことが手軽にできます。

有料ですが低価格なので、元が取れることは間違いありません。

これは iPhone 版も Android 版もあります。

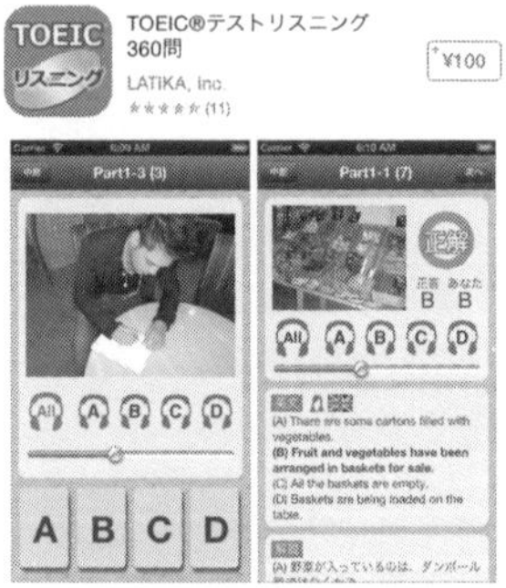

・TOEIC Presents English Upgrader

http://square.toeic.or.jp/kyouzai/englishupgrader/appli/01

TOEICの運営団体である国際ビジネスコミュニケーション協会が提供しているアプリです。

問題集形式ではなく、ビジネスの場における会話音声例が収められているものです。TOEICに出るような会話も含まれ速度がTOEICと同等なので、Part 3、4対策の教材として活用することが可能です。

また、TOEIC公開テストの申し込み期限が近づくと教えてくれる機能があるため、入れておいて損はしないでしょう。

これは、iPhone版もAndroid版もあります。

・NHK WORLD

http://www3.nhk.or.jp/nhkworld/app/info/index_jp.html

NHKの英語ニュースをオンデマンドで聞くことができます。

TOEICの問題ではないため出題傾向とは異なりますが、CNNなどよりは少し話すのが遅く、聞きやすい英語を話してくれるため、リスニング対策になります。

このニュースは、日本の出来事を英語で話してくれるというものです。すでに内容を理解していることが英語で話される分、聞きやすくなるのがメリットですね。

これは、iPhone版もAndroid版もあります。

○リーディング系

・TOEIC テスト文法 640 問 1

・TOEIC テスト文法 640 問 2

（URL は長いので割愛。各検索エンジンで検索してください）

これらは「TOEIC テスト リスニング 360 問」とシリーズになっているものです。Part 5 対策として、間違えた問題だけをチェックして復習できる機能が便利です。

解説が書かれていますので、正解を選ぶ根拠をはっきりさせながら勉強ができます。ただ、最初はもっと詳しい解説が書かれた本で勉強し、間違いが少なくなった後でこのアプリを使うといいと思います。

これは、iPhone 版も Android 版もあります。

これらの他にも、さまざまな英和・英英辞書のアプリがありますし、ソーシャル勉強時間管理アプリ**「Studyplus」**なども TOEIC の勉強に役立つでしょう。

上級者は興味深いプレゼンが多く見られる**「TED」**や、英語音声ニュースの朗読アプリ**「Umano」**などを活用してみてください。これらがあれば、リスニングの教材に苦労することはなくなるでしょう。TOEIC より話すスピードは速いですが、負荷をかけた練習になります。

Chapter 11 【いよいよ試験本番】

時間をどう使うのかが明暗を分ける

解けない問題こそ選択肢選びで迷うのは時間のムダ

TOEICは時間との戦いです。限られた時間をどう使うかが、結果を大きく左右します。このため、**全Partで大変重要なスキルであり、テクニックであり、心構えとなるのが、「迷わないで『エイッ』とマークして、早く次に進む」こと**です。

問題がまったく解けない場合、まったく聞き取れなかったり、自分の知らないことを問われていたりすることに原

因があるはずです。この際に**いくら一生懸命考え込んだところで、正解にたどり着くのは難しい**でしょう。そこで、潔く諦め、正解に思える選択肢をマークして次に進みましょう。ムダな時間を使わないようにすることが賢明なのです。

優柔不断な方は、適当にマークすることにも悩んでしまうかもしれません。そういった方は**「わからなかったら(C)を塗る」のように、事前に決めておくといい**です。

また、場合によっては、2つの選択肢で迷うこともあるでしょう。このような場合、時間を使ってよく考えれば正解がわかる気がするのですが、これも「時間をムダにしてしまった」と後悔しがちなパターンなのです。というのも、結局は正解がわからないことが大半だからです。

ですので、もう少し考えれば正解が出そうな気がしても、時間節約を優先して、考え込まずにマークして次に進んだほうがいいです。2つの選択肢まで絞れていれば、1／2の確率で取れますから。

そして、次の問題に進んだら、**「正解かどうか自信がない問題のことはいったん忘れる」ことも大事な心構え。**この先の問題に集中するために、です。

自分がわかる印をつけておいて、もし時間が余れば後で見直すのはいいですが、余らないことが多い方は、印をつけることもムダになってしまうでしょう。

さて、ここで本番の持ち物と試験までに行うことをまとめておきましょう。

- **受験票（写真つき！）**
- **身分証明書**
- **マークシート用シャープペン or とがりすぎていない鉛筆５本程度**
- **消しゴム２個**
- **『TOEIC テスト 新公式問題集』or『TOEIC テスト公式プラクティス』の音声で耳慣らし**
- **『１駅１題 新 TOEIC TEST 文法 特急』などの Part 5 問題集で、これまで間違えた問題を優先的に確認**

試験前はリスニングをメインにして耳慣らしをしましょう。会場に到着するまで音声を聞き、会場に着いても時間があれば聞くといいです。人によっては、直前の復習でスコアにつながりやすい Part 5 の問題を確認してもいいですね。

そして、試験は２時間と長丁場で、途中に休憩はないので直前にトイレに行っておきましょう。直前の水分の摂りすぎにも注意です。

リスニングで心残りがあると集中力を欠くことになる

リスニングパートでは、音声の進行に合わせて回答しなくてはなりません。このため、自分の回答スピード自体はスコアに関係ないように思えるかもしれませんが、そんなことはありません。Part 2で重要な「文頭の疑問詞の聞き取り」を例に考えましょう。
　質問文の冒頭を集中して聞かなければいけませんが、その時点で**前の問題のことをまだ考えていたり、マークシートを塗っていたり、集中できていない状態で次の音声が始まってしまうと相当不利**です。そのため、素早く答えを出してマークをすることです。仮に迷ったとしても心を切り替え、次の問題の音声が始まる時にはその音声に集中する必要があります。

　今度はPart 3、4を例に取ってみましょう。設問の先読みが大事になることはすでに述べましたが、先読みのリズムが保てない方は非常に多いです。
　この主な要因も、回答に迷って時間を使ってしまうことです。つまり、前の問題に時間をかけてしまい、次の設問の先読みをする時間がなくなってしまうわけです。これを防ぐには、迷わずに次に進むことが必要になります。

　次に、リーディングパートを考えましょう。多くの方は時間節約の重要性がおわかりかと思います。
　Part 7は文中に答えの根拠が必ず書かれていますから、時間さえ十分にあれば正解にたどり着け

正解かどうか
自信のない
前の問題を
さっさと忘れないと、
この先の問題も
正答しにくくなる。

ることが多いです。つまり、Part 7以外の回答スピードを上げて**時間を節約できれば、Part 7で解ける問題が増える**わけです。Part 5もPart 6も、迷ったら次に進む考え方が大切だといえますね。

▶ Part 1、2のDirections放送時にPart 3、4を先読み

時間管理を行う上で考えておくべきは、リスニングのDirections放送時などのインターバルの時間の使い方です。

まず、試験開始前の問題冊子を開いていない時のことです。マークシートに名前を書き、名前や職業などをマークしますが、この間に解答欄のマークも塗ることができます。とはいえ、もちろん、この時点では問題の中味が見られません。

しかし、試験開始の時点でリーディングの全問回答は難しいと考えている方はPart 7の最後のほうの問題をこの時点でマークしてしまうのもアリです。

どうせ勘でマークするのであれば、試験中よりも開始前にマークしたほうが時間を15秒ほど余計に使うことができるからです。

次に、試験開始後の話です。最初にリスニングパート全体の説明があり、その後でPart 1の説明とDirectionsの音声が流れます。この**Directionsは1分40秒ほどあり**

ます。しかも、流れる内容は『TOEIC テスト 新公式問題集』とまったく同じなので聞く意味はありませんし、この時間をムダにするのがもったいないです。同じように、Part 2 の Directions も長く、1 分ほどありますが、この時間をどう使うかも考えどころです。

僕が考えた策は、主に次の 2 つです。

●Part 1の写真をぱらぱらと眺めておく

Part 3、4 は半分捨てていて、設問の先読みをあまりする気がない人はこちらがいいでしょう。

写真を見て、あらかじめ内容を把握しておくことで心の準備ができ、落ち着いて Part 1 に取り組めます。

●Part 3、4の設問の先読みに使う

Part 3、4 をちゃんと解くつもりの方は、こちらの作戦がいいでしょう。

Part 3、4 でもそれぞれ最初に Directions が流れますので、この時間も設問の先読みに使います。ただ、Part 3、4 の Directions は各 30 秒ほどと短いので、全部読みきることは不可能です。そのため、Part 1、2 の Directions 放送時も活用して、より多くの設問に目を通しておくという作戦です。

設問の先読みをしてから Part 1 や Part 2 を解いて、いざ Part 3、4 に戻ってくると、先読みした内容をあまり覚えていないものですが、初見の文を読むよりはずっと速く読めるので十分有利だといえます。

では、Part 1、2のDirectionsの時間でどの問題を先読みするといいのかを考えてみましょう。

まず、各Partの最初の設問である41問目と71問目は、問題直前となる各PartでのDirections放送時に先読みをしたほうが記憶に残りやすいので、ここはやめたほうがいいと思います。

次に、各見開きの左ページに載っている問題は、前ページの問題の後で「GO ON TO THE NEXT PAGE.」と放送される8秒ほどの時間も先読みに使えるため、ここも避けていいでしょう。

以上から、**見開きの右ページの問題を先読みしておくべき**です。

注意点は、先読みに集中するあまり、Part 1が始まっていることに気づかないという事態にならないことです。Part 1の音声が読まれる時には先読みをやめて、Part 1の問題に戻れるように気をつけてくださいね。

以上のようなDirectionsの時間の使い方は、本番でいきなりできるものではありませんので、『TOEICテスト 新公式問題集』を使って練習しておきましょう。

なお、以前はこの時間にリーディングのPart 5を解くことができたのですが、現在はリスニングの時間中にリーディングを解くことは禁止されています。そのため、今は設問の先読みに使うほうが多いでしょう。

空欄より後ろにある文は読まなくていいものがほとんど

ここから各Partについての時間配分を細かく見ていきます。

〈Part 1､2〉

回答時には流れてくる問題に答えるだけなので、時間配分について気にすることはほとんどありません。

ただし、**悩まずにすぐにマークをして、次の問題音声を集中**して聞き始めることだけは、心がけてください。

僕のやり方は、Part 1の場合、最初の選択肢(A)が読み上げられる時に、マークシートの(A)の上に鉛筆を持ってきた状態で聞きます。次に、(B)が読まれて、(B)のほうが正しそうだと思ったら鉛筆の先を(B)の上に移動します。(A)のほうが正しそうならば、そのまま(A)の上に置いたまま(C)を聞きます。その流れで(D)まで進めて、常に二者択一をし続けることで、最後の問題が読まれてから迷う時間を減らし、すぐマークできるようにしています。このように**すぐにマークをできれば、その分次の写真をじっくり見ることができます。**

Part 2は3択ですので、(C)まで同じやり方をします。もちろん、絶対の自信がある選択肢が出てくれば、その選択肢にすぐにマークをすればいいだけです。

〈Part 3、4〉

Part 3のDirectionsが放送され始めたら、最初の問題を先読みしておきましょう。Part 4の冒頭でも同様です。

このPartでも回答に迷って時間を使うと、次の先読みに時間が取れなくなってしまいます。悩まずに「エイヤッ」と即マークしていくことが大事です。**もし先読みのリズムが崩れてしまったら、何問か捨てて勘で塗ることで、先読みのリズムを立て直すといいと思います。**

〈Part 5〉

全問回答するつもりなら1問平均25秒以内で回答することを目標にしましょう。このペースを守ることができれば、17分以内でPart 5を終えることになります。

この目標を達成するには、**品詞問題などの空欄の前後だけ見れば正解できる文法問題を、空欄の前後だけ見て、文章の意味を理解せずに5秒以内で解く必要があります。**

一方、全文の意味を取って正解を選ぶ問題はすべてを読まざるを得ないので、30秒以上時間がかかるのはやむを得ません。あくまでも**平均で25秒を達成すればいい**と考えてください。

730点くらいが目標スコアであれば、全問回答できなくても十分狙えますので、この目標時間をオーバーしても大丈夫です。もちろん早いに越したことはありません。

〈Part 6〉

Part 5と同様、空欄の前後だけ見れば正解できる問題を見分けて5秒で済ませたいところです。意味を取らなければいけない問題は、ほとんどを読むやり方で**1問平均40秒でしょうか。12問を合計8分で終えたい**ですね。

問題の種類を見分けるためには、文章を最初から読まずに選択肢に先に目を通して、それから読むべき場所に当たりをつけて読むのがいいでしょう。

多くの場合、最後の空欄がある文よりも後にある文を読む必要はありません。そこでムダな時間を消費しないようにしてくださいね。

▶ センテンスの最初のほうとタイトルを先に読もう

最後にPart 7ですが、目標タイムでクリアできていれば、Part 7は50分を使うことができ、全問回答が狙えます。

〈Part 7〉

時間短縮を図るには、読むところを節約したほうがよいのは明らかです。**文書の最後のほうは回答に関係ないことも多いので、全文を読んでから設問を読むのは非効率**だと考えています。

英語の文書で重要なことが書いてあることが多い部分は、タイトルとセンテンスの最初のほうです。手紙やメールの形式になっているものについては、**差出人と宛先も大事**です。

まず、これらだけを先に読んで「何に関する文書なのか」「どこにどんなことが書いてありそうか」だけをつかんでから、設問を読むといいでしょう。次に、**回答に必要**

な要素が書いてありそうな場所に当たりをつけつつ、本文から探して読んで回答するのがいいと思います。

また、1つ（2つ）の文書に付随する問題でも、先に出てくる問題ほど文書の前のほうに正解のヒントがあることが多いです。そのため、問題の順番に解いたほうがやりやすいと思います。

ただし、ダブルパッセージの場合は、1問目から両方の文を読まないと答えられない場合もありますので、注意しましょう。そして、**各文書の最後の問題を答えられたら、たとえ残りに読んでいない部分があったとしても、そこは読まずに次の文書に進みます**。

最後に、**試験終了15秒前になったら回答をやめて、残した問題のマークを塗ります。TOEICは誤答を減点することはないため、塗らないより何でもいいから塗ったほうが得**です。

大事なことが
書いてありそうな部分
だけを先に読んでおく。
文章の後ろのほうは
読まなくて
いいことが多い。

時間管理について大事なことを再度お伝えして、このChapterを終えましょう。「迷わないで『エイッ』とマークして次にいく」ことを徹底してください。

1回迷うだけで、時間削減の努力がムダになってしまいます。TOEICは正解することと同じくらいに、早く答えることが大切なのです。

Chapter 12 【TOEICを受けるベストタイミングは?】

TOEICは
何歳になっても
ハイスコアが取れる!

▶ どんなに忙しくても歳をとっても受けられる

TOEICは社会人の方が取り組みやすい試験だと思います。

仕事で日常的に英語を使っている方であれば、対策なしでそこそこのスコアが取れ、少し勉強すれば相当のスコアが出るでしょう。

普段英語を使わない社会人の方でも、「アポイントメント」や「コンセンサス」などビジネスシーンでのカタカナ英語を使う機会があると思います。ビジネス英語主体のTOEICは比較的馴染みやすいでしょう。

また、忙しい社会人の方でもスキマ時間で勉強できますから、心配することはありません。これまでお話ししてきた通り、場所を問わず勉強できるからです。

そして、**TOEICの勉強に年齢制限はありません。**いつからでも始められます。

確かに、若い時のほうが記憶力はあるでしょう。しかし、一部しか理解できなかったビジネス英語の会話や文章の内容を、常識や今までの経験をもとに推測して補完する能力は、社会人経験が長い年配者のほうが勝るのではないでしょうか。

学習能力自体は若い方のほうが高いでしょうけれど、僕が強調したいのは、**若くなくとも勉強すればスコアはちゃんと上がること**なのです。

学生はTOEFLより TOEICをまずは意識したい

とはいえ、**英語の勉強はなるべく早く始めたほうがいい**です。人生の中で、英語ができる期間を長くしたほうが得策に決まっていますから。

英語学習を始めるのは、「思い立ったら吉日」です。早く始めれば始めるほど、努力という投資を回収する期間が長くなって得ですし、年齢を重ねての脳の衰えも少ないからです。「いつ、どのような場面で使って、どのような得をするのか」はあまり考えずに、まずは始めましょう。

やはり**学生のうちに英語の勉強を始めるのが一番いい**でしょう。社会人よりは時間が取れますし、脳もまだフレッシュです。特に、**大学入試を終えて間もない1年生などは、英語力は相当高い状態ですから、Part 5の文法問題などは楽勝に感じるはず**です。

このため、大学入試が終わったら、勉強した英語を忘れないうちにTOEICを受けておくことをおすすめします。ただ、無対策で受けると問題量の多さに太刀打ちできませんから、一通り準備してから受けたほうがいいでしょう。

また、学生であれば、留学などを見据えてTOEFLのスコアを取りたい方も多いのではないかと思います。もちろん、TOEFLとTOEICは異なる試験ですが、TOEICの勉強をしておくとリスニングとリーディングはTOEFLにもある程度は通用します。**最終的にTOEFLで高いスコアを**

狙っていたとしても、その前のステップとしてTOEICを受けるというのは効果的です。

加えて、学生の時にTOEICで高いスコアがあれば就職活動に役立ちます。国内の大学院入試にもTOEICが使えるところが多いですから、受けてハイスコアを持っておくと何かと便利です。

人事採用経験者として言います。「TOEICは就職活動に役立つ」

学生の皆さんは就職活動の際に、TOEICのスコアがアピール材料になるかが気になるでしょう。僕は以前、新卒採用を担当していました。日本の会社の場合、**採用側にとってわかりやすい英語力の指標はやはりTOEICのスコア**です。

TOEFLは現在、120点満点のiBTという形式です。しかし、採用側のおじさんやおばさんが若かった頃のTOEFLは、677点満点のPBTや300点満点のCBTでした。何が言いたいかというと、残念ながら、採用側の多くの方はiBT方式でのスコアが高いのか低いのかがよくわからないのです。

IELTSや国連英検など他の英語試験についても知らないと思いますので、アピール材料として受験するにはお得とはいえません。

唯一、TOEIC以外の英語試験で理解されるのが英検です。ただし、英検はTOEICやTOEFLと違って、合格か不合格かの試験ですから、就活まで時間の余裕がない場合は一考する余地があります。せっかく勉強したのに不合格だったら、「勉強に費やした時間を、他のことに使えばよかった」と後悔することにもなりかねませんので…。

結局のところ、TOEICが就職活動のアピール材料としてはベストでしょう。社員にスコアを持っている人間が多く、採用担当者自身も受けたことがある場合が多いからです。

最後に、どの程度のスコアからアピール材料になるか、についてです。社員の平均英語力によって違いますが、商社など海外を飛び回る業界でなければ、使い方によっては650点もあればプラスの要素になるでしょう。

会社によって、スコアをどの程度重視するのかは異なると思いますが、英語力はないよりあったほうがいいことは間違いありません。ですから、就職活動をする際にTOEICのスコアは持っておきましょう。

▶ TOEICは参加することに意義がある

ここまでスコアの有無についてお話ししてきましたが、**スコア以上に重要なのは、面接で伝えるTOEICの捉え方**です。

TOEICを「これから仕事をする上で、英語力は必要だと思ったので受験した」「今も勉強中であり、卒業までにはもっとスコアを伸ばして働く準備をする」と伝えることが大切なのではないでしょうか。

仕事のために勉強したと言えば、やる気があるように見えます。間違っても、「就活のために」とか「英語が好きだから」とか「旅行が好きだから」と言ってはいけません。

800点もあれば別ですが、そこまでいかない**中途半端なスコアを新卒の就活で生かすには、「英語力の証拠」ではなく「仕事のために前向きな努力をした１つの証拠」として活用するほうがいい**のです。

他にも、就職活動用にはさまざまな英語力アピールのコツがあります。ご関心があれば相談に応じますので、大学関係の方などはぜひお声をかけていただければと思います。

年齢を問わず
受けやすいのが
TOEICのいいところ。
でも、若くて学生のうち
のほうがよい。

単なるオヤジでも925点取れたから 皆さんならきっと大丈夫!

僕は、たいした英語力を持っていません。TOEICのスコアは、満点を何回も取るような方に比べれば、足元にも及びません。

そんな僕が「TOEICの勉強法の本など書いていいのか？」「書く資格があるのか？」と思いつつ書いていました。でも、書き終わって見直してみると、これはこれで意味があると思っています。

理由としては、「はじめに」でも書いた通り、TOEICの勉強法について書かれた本の多くが、凡人向けではないからです。**凡人の凡人による凡人のための勉強法を、本書でお伝えしたかった**のです。

また、TOEICには多くの教材がありますが、あまりに多すぎるので何を使ったらいいのかが学習者にはわかりにくいのも問題です。**神本もあれば、クソ本も多いので、教材選びはすごく重要**です。

以上のことは僕だけでなく、TOEIC職人として取った弟子たちも、同じことを言っていました。

そして、**僕のような仕事で英語を使わず、海外経験がなく、頭がよくないという冴えないオヤジが、「たいして勉強しなくても、やり方によってはTOEICで900点以上**

取れた」ことをお知らせすることこそ、この本を書いた一番の理由なのです。
「僕みたいな単なるオヤジでも成功した」という事実をお知らせすることが、皆さんを勇気づけ、モチベーションを高めることになり、スコアアップにつながるのではと思うのです。**皆さんも、こんなオヤジに負けるわけにはいかないと思うでしょ？**

TOEICの勉強で評価が高くなり
スピーキング力もついた!

よく「TOEICのスコアアップのために英語を勉強するのは本末転倒だ」と言われます。しかし、僕は、**TOEICのスコアを目標に勉強することも十分アリ**だと思います。何らかの客観的な指標があったほうが、進歩もわかって学習のモチベーションも維持しやすいからです。

TOEICのように自分の力が数値化されていないと、「どの程度の力がついたのか」がわかりにくいですよね。頻繁に外国人と英語でやり取りする仕事をする方ならまだしも、英語を使う機会のない方であれば、「勉強の成果が出ているのか」がなおさら不安になるでしょう。

ゴルフはスコアが、マラソンはタイムという可視化できる目標があるからこそ練習が継続できるという面があります。英語学習でも可視化できる目標を持つことはモチベーションの維持に役立つと思います。

そして、「TOEICはスピーキングが問われないから話せるようにならない」ともよく言われます。しかし、スコアアップを目的に勉強を続けた結果、スピーキング力がアップすることは十分あると考えています。

僕は、**TOEICで問われないスピーキング力を上げるための勉強はしたことはありませんが、それでも自分なりにはスピーキング力が上がった**と感じています。というのも、会話はリスニング力と、主にリーディング力強化で培われる単語力に左右される部分が大きいからです。

最後に、会社員にとっては、**TOEICでハイスコアを取ることで、社内である程度英語ができる人と認識されることが大きい**とお伝えしておきます。

一定のTOEICスコアがあるおかげで、英語を使う仕事や駐在の機会が回ってくる可能性が高まります。そういった仕事を通じて、さらに英語力が高まるというポジティブなスパイラルにうまくはまる展開があり得るからです。

異動だけでなく、外資系や英語公用語企業への入社を含めて、TOEICは英語を使う環境へのパスポートになるのです。

結局のところ、TOEICは英語力向上にとってムダにはならないでしょう。

それでは、最後に、皆さんがTOEICのスコアアップ、さらには英語力のアップ、そして仕事や就活がうまくいくなど、人生がもっとよくなることを願って…。

おすすめの参考書をこちらでご紹介しています。また、この本に関するご意見をこちらにいただければ嬉しく思います。ただ、英語は苦手なのでできれば日本語でお願いしますね！

Facebook：https://www.facebook.com/sugimuraken

メールアドレス：sugimuraken@facebook.com

杉村健一

ただのサラリーマンが時間をかけずに8カ月でTOEIC®テストで325点から925点になれたラクラク勉強法

発行日　2015年3月5日　第1刷

※本書は『ただのサラリーマンが時間をかけずに半年でTOEICテストで325点から885点になれたラクラク勉強法』（アスコム）を一部、加筆・修正したものです。

著者　杉村健一

デザイン　竹内雄二
編集協力　渡邉淳、有限会社エートゥーゼット
校正　豊福実和子

編集担当　杉浦博道
営業担当　熊切絵理
営業　丸山敏生、増尾友裕、石井耕平、菊池えりか、伊藤玲奈、櫻井恵子、吉村寿美子、田邊曜子、矢橋寛子、矢部愛、大村かおり、高垣真美、高垣知子、柏原由美、菊山清佳、大原桂子、箕浦万紀子、寺内未来子、網脇愛
プロモーション　山田美恵、浦野稚加
編集　柿内尚文、小林英史、黒川精一、舘瑞恵、片山緑
編集総務　鵜飼美南子、高山紗耶子、森川華山
メディア開発　中原昌志
講演事業　齋藤和佳、高間裕子
マネジメント　坂下毅
発行人　高橋克佳

発行所　株式会社アスコム

〒105-0002
東京都港区愛宕1-1-11　虎ノ門八東ビル
編集部　TEL：03-5425-6627
営業部　TEL：03-5425-6626　FAX：03-5425-6770

印刷・製本　中央精版印刷株式会社

Printed in Japan ISBN 978-4-7762-0866-2